원더키디의 시대,
**IT는 우리의 일상을
어떻게 바꾸는가?**

원더키디의 시대,

IT는 우리의 일상을
어떻게 바꾸는가?

원더키디의 시대,

IT는 우리의 일상을
어떻게 바꾸는가?

아이폰 이후 10년,
우리 주변의
일상 속 IT를 읽다

이임복 지음

천그루숲

머 리 말

"언제 이렇게 변했지?"

"나도 알아야 하는데, 시간이…."

"나만 빼고 세상이 다 변하는 것 같아."

　트렌드에 대한 이야기를 할 때면 항상 듣게 되는 말입니다. 세상은 빠르게 변하고, 또 변해가고 있죠. 바쁜 일상 속에서 다른 것에 관심을 가지기란 참 어렵습니다. 이렇다 보니 마음만 초조해집니다. 'IT 트렌드' 강의를 통해 직전까지의 최신 IT 소식을 정리해 전하지만, 그 이후 바뀌는 세상에 대해서는 전할 수 없었죠. 어떻게 해야 이런 아쉬움을 벗어날 수 있을까? 어떻게 해야 '지적 갈증'을 해결할 수 있을까? 그래서 매일의 소식을 전하는 방법으로 오디오클립을 시작했습니다. 〈이임복의 IT 트렌드를 읽다〉란 이름으로 매일 아침 전날의 IT 소식들 중 기억해야 할 만한 것들을 선택해 제 의견과 함께 올리고 있습니다. 매달 〈월간 IT 트렌드〉란 이름으로 핀테크, 인공지능 등 한 가지 주제를 정해 오프라인 공개강좌를 연 지도 벌써 2년이 됐습니다. 이 책 역시 매일, 매달의 소식을 한 권으로 묶어 큰 틀에서 IT를 읽어나갈 수 있도록 썼습니다.

　2020년을 맞아 제일 먼저 머릿속에 떠오른 건 '원더키디'였습니다. 아주 오래 전 애니메이션이라 기억을 못하는 분들도 많지만 이 단어

만큼 앞으로의 미래를 잘 표현해 주는 건 없겠다는 생각이 들었습니다. 게다가 아이폰이 우리나라에 들어온 지 10년이 되는 시점이기에 앞으로 10년, 과연 무엇에 주목해야 할지 정리해 보니 꽤 좋은 10개의 키워드가 만들어졌습니다.

그런데 문득 이런 생각이 들더군요. '다들 Z세대, 90년대생을 이야기하며 새로운 트렌드를 공부하고 마케팅을 준비하는데 이런 구분이 정말 의미가 있는 걸까?' 물론 의미가 없지는 않겠죠. 다만 요즘 나타나는 대부분의 특징들은 굳이 Z세대나 90년대생에만 한정되는 것이 아니라 모두에게 공통적으로 나타나는 특징이라는 생각이 더 강하게 들었습니다. 예를 들어 90년대생들은 정보를 검색할 때 유튜브를 더 많이 사용한다고 가정해 보죠. 그럼 80년대생은 아닌가요? 60~70대 어르신들의 유튜브 시청과 검색비율이 엄청난데 이건 어떻게 설명해야 하는 걸까요?

그래서 스마트폰을 사용하며 스마트하게 변한 모든 세대들을 '원더키디 = 놀라운 세대'로 정의하고, 원더키디 세대를 이해하기 위한 5가지 키워드로 Rapid, Interactive, Crowd, Me, F.E.M.을 선정했습니다. 비즈니스에 종사하는 모든 사람들이라면 과연 우리의 서비스가 여기에 맞게 준비되고 있는지 생각해 봐야겠죠. 이 두 가지를 묶어 Part 1 '원더키디의 시대'로 정리했습니다.

수많은 IT 트렌드들 중에서 우리의 일상에서 쉽게 발견할 수 있고,

앞으로도 영향을 미칠 IT 이슈는 따로 모아 Part 2 'IT는 우리의 일상을 어떻게 바꾸는가?'에 담았습니다. 특히 각 이슈들마다 이에 해당하는 중국 기업들은 어떤 곳들이 있는지 간략하게나마 소개했습니다. 이를 통해 우리나라의 IT 산업이 어떤 방향으로 나아가려 하는지 조금은 쉽게 알 수 있지 않을까요?

앞으로 10년, 세상이 어떻게 변하게 될지 어떤 세상이 될지는 아무도 모릅니다. 확실한 건 변화가 진행되는 동안 아무것도 하지 않는다면 어떤 것도 이룰 수 없다는 겁니다. 아니 제자리에 있기만 하면 더 도태될지도 모릅니다. 이럴 때일수록 뜬구름 잡는 이야기가 아닌, 눈앞에 보이는 확실한 변화들에 주목했으면 좋겠습니다.

트렌드가 재미있는 건 멀리 있는 이야기가 아니라 저와 여러분들이 살아가고 있는 지금이 바로 트렌드의 중심이기 때문입니다. 멀리 볼 필요없이 오늘 하루 동안 어떤 IT 기기를 사용했는지 되짚어 보세요. 거기서부터 시작하면 됩니다.

원더키디의 시대, 어디로 가야 할지 어떤 준비를 해야 할지 모르겠다면 이 책으로 시작해 보기 바랍니다. 다른 어려운 IT 트렌드 책보다 쉽게 읽혀질 겁니다.

이임복

차례

프롤로그

아이폰 이후 10년,
우리는 얼마나 변했는가?

2009년 11월, 새로운 기계 하나가 우리나라에 들어왔다. 3.5인치의 작은 크기, 마치 외계에서 온 것 같은 새로운 물건, 바로 아이폰 3GS다. 그리고 10년, 세상이 바뀌었다.

손안의 이 작은 디바이스를 통해 우리는 언제 어디서나 인터넷에 접속할 수 있고, 전 세계 누구와도 대화를 나눌 수 있게 됐다. 사진은 물론 영상촬영도 가능하다 보니 프로급 아마추어 작가들이 생겨나기도 했다. 또 각자 원하는 앱을 설치만 하면 남들과 다른 '나만의 폰'을 가질 수 있었다.

사람들을 더욱 놀라게 하고 감동시켰던 건 'OS 업데이트'였다. 새로운 기능을 사용하기 위해서는 새 폰을 사야 하는 게 당연했던 시대에 아이폰은 OS를 업데이트하는 것만으로 마치 새로운 폰을 쓰는 것 같은 감동을 줬다. 그리고 이 감동은 안드

첫 아이폰에서 아이폰 11 프로까지

11

로이드 OS에도 영향을 미쳤고, 지금은 폰을 업데이트하는 게 너무 자연스러운 일이 됐다.

물론 당시에는 스마트폰을 쓰는 사람이 그리 많지 않았다. 폰 가격도 비쌌고, 요금도 만만치 않았다. 게다가 기존 폰에 비해 조작도 어려웠다.

"귀찮아. 전화기가 통화만 잘 되면 되지. 뭐하러 이런 걸…."

"그렇게 비싼 폰이 무슨 필요야. 전화만 잘 터지면 돼!"

"밖에서 영상 보면 요금폭탄 맞는다며. 난 무서워서 안써!"

당시 흔하게 들었던 이야기다. 하지만 지금은 비싸다고 하면서도 최신 폰을 사는 게 너무 자연스러워졌고, 요금폭탄을 맞는다고 생각했던 데이터의 벽은 무제한 요금제와 버스·지하철 등 다양한 곳에서 무료 와이파이가 제공되면서 해결되었다. 덕분에 지금은 많은 사람들이 어디에서나 폰으로 영상을 보고 있다. 이제 인터넷이 안 되는 폰, 스마트하지 않은 폰은 상상할 수 없다.

스마트폰 도입 5년 만에 변화된 풍속도

동영상
스마트폰 10년 만에 대변화

가장 큰 변화는 여기서부터다. 아이폰이 들어온 지 10년, 우리는 스마트폰을 써오며 모두가 '스마트'해졌다.

"어? 저는 스마트폰을 제대로 못쓰는 것 같아요."

주위에서 많이 들었던 말이다. 하지만 이렇게 생각해 보자. 카카오톡으로 다른 사람에게 사진과 영상을 보낼 줄 모르는 사람이 있을까? 지금에야 너무 당연한 일이지만 10년 전만 해도 누군가에게 실시간으로 채팅, 사진, 영상을 보낸다는 건 정말 어려운 일이었다. 하지만 10년이 지난 지금, 우리는 사진찍기, 영상보기, 길찾기, 쇼핑, 금융거래 등 생각보다 많은 것들을 스마트폰으로 하고 있다. 반면 전화기의 기본기능인 '통화'는 점점 줄어들고 있다.

2016년, 4차산업혁명이란 말이 여기저기서 들렸다. 금방이라도 세상이 변할 것 같았고, 일자리가 없어질 것 같았다. 하지만 그런 일은 일어나지 않았다. 인공지능이니 블록체인이니 세상은 시끄러웠지만 개개인의 삶에 미치는 영향은 크지 않았다. 지금 당장 저녁에 운전대를 잡아야 하고, 계산대 앞에서 포스를 찍어야 하며, 밀린 일과 끊임없는 야근이 기다리고 있는데 산업혁명이 내 삶과 무슨 관계가 있는 걸까? 인공지능 같은 거는 몰라도 살아가는데 문제 없지 않을까? 맞다. 지금 당장은 큰 영향이 없다. 하지만 세상은 우리가 모르는 사이에 조금씩 천천히 변해 왔다. 스마트폰이 등장한 지 10년, 그동안 무슨 일이 벌어졌는지 생각해 보자.

스마트폰 10년이 바꾸어 놓은 것

2010년 3월, 전 국민의 메신저 '카카오톡'이 출시됐다.

분명히 망할 거라는 사람들의 생각과 다르게 오히려 대기업을 위협하는 '쿠팡'의 시작은 2010년 7월이었다.

간편송금으로 돌풍을 일으킨 '토스'는 2015년 2월 등장했다.

전 국민이 사용하는 '카카오택시'는 2015년 4월 시작됐다.

이외에도 많다. 불과 10년도 지나지 않은 기간 동안 시대의 흐름에 올라탄 작은 회사들은 거대해졌고, 그렇지 못한 회사들은 사라졌거나 사라지고 있다. 타다와 택시업계의 갈등에서 알 수 있듯이 나와는 상관없다고 생각했던 수많은 일들이 사실은 나와 상관있는 일이 되었다. 어느 한순간에 세상이 바뀐 게 아니다. 10년간 천천히 변해 온 결과들이다. 그렇다면 앞으로 10년, 어떤 것들이 변할까? 모든 것들이 변하는 세상에서 우리는 어떻게 살아남을 수 있을까?

아마존의 CEO 제프 베조스는 '변하는 것이 아닌 변하지 않는 것에 집중하라'고 이야기했다. 맞다. 모든 것이 변하는 세상에서도 변하지 않는 것들은 분명 있다. 그게 바로 본질이다. 제프 베조스는 물건을 싸게 사고 싶어 하는 '저가구매'와 물건을 빨리 받고 싶어 하는 '빠른 배송'은 앞으로도 변하지 않을 본질이라고 말했다. 마찬가지다. 우리 각자의 영역에도 변하지 않는 것들이 분명히 있다.

나의 경우 내가 하는 영역에 대해 10년간 변하지 않은 본질을 정리해 보았다. 책을 읽는 독자, 강의를 듣는 청자 모두 '제대로 된 지식을 알고 싶다'는 것과 '내 삶에 도움이 됐으면 한다'는 생각은 변하지 않을 게 분명하다. 그래서 나는 이렇게 생각하는 많은 분들이 조금이라도 빨리 본질을 찾아가는데 도움을 주기 위해 라디오방송, 오디오클립, 공개강의를 해왔다.

이제 2020년이 시작됐다. 앞으로의 트렌드는 무엇이 될까? 트렌드는 쉽게 나타나거나 사라지지 않는다. 그렇기에 새로운 용어를 만들어 내는 건 어려운 일이다. 하지만 기존에 있던 트렌드 중에서 어떤 것들이 더 크게 확산될지, 어떤 것들에 주목해야 할지는 이야기할 수 있다. 이런 흐름들을 이해하기 쉽게 '원더키디'라는 10가지 키워드로 정리해 보았다. 이를 통해 복

브런치
이임복의 IT 트렌드
를 읽다

오디오클립
이임복의 IT 트렌드
를 읽다

유튜브
이임복의 IT 트렌드
를 읽다

잡하기만 한 IT 이야기가 아니라 우리 일상 속에서 쉽게 볼 수 있는 '일상 IT'를 이해할 수 있을 것이다. 그래서 이 책은 펜을 들고 밑줄을 쳐가며 읽어야 하는 딱딱한 학습서가 아니라 출퇴근길 지하철에서 천천히 읽다가 쉬다가 다시 읽어도 되는 책이었으면 한다.

그동안 베이징의 거리를 걸으며, 상하이의 거리를 걸으며, 서울의 거리를 걸으며 일상생활 속에서 볼 수 있는 IT와 이 변화가 가져올 미래에 대해 생각했던 모든 것들을 함께 나누려 한다. 그럼, 시작해 보자.

원더키디의 시대

1장

원더키디의
시대를 읽는
10가지 키워드

원더키디
WONDER KIDY

1989년, 우리 손으로 만든 애니메이션 〈2020년 우주의 원더키디〉가 방영되었다. 프랑스 칸영화제 필름마켓 TV시리즈 부문에서 최우수상을 받을 만큼 완성도 높은 작품이었는데도, 지금은 '2020 원더키디'라는 이름만 어렴풋하게 기억 속에 남아있다.

2020년, 도대체 무슨 일이 생기는 거야?

이 책에서 '원더키디'란 애니메이션 제목을 꺼내 온 건 두 가지 이유에서다. 하나는 '원더키디'란 이니셜이 2020년 이후 우리 삶에 많은 영향을 미칠 10가지 키워드를 기억하기에 좋기 때문이다. 다른 하나는 스마트폰을 사용하는 우리들은 예전과 다른 마법과 같은 놀라운(Wonder) 세상을 살아가고 있기 때문이다.

그럼, 원더키디(WONDER KIDY)에 해당하는 10가지 키워드를 통해 달라진 우리들의 일상 속 IT를 읽어보자.

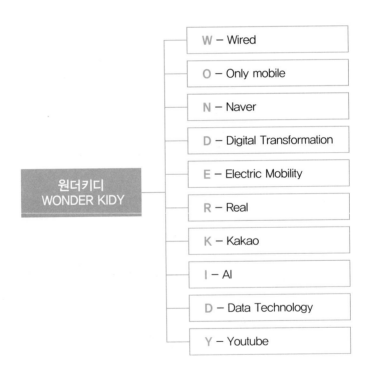

W - Wired
연결된, 초연결의 시대

 지금 세상은 그 어느 때보다도 더 빠르고 더 넓게 연결되어 있다. 그리고 앞으로의 세상은 그 이상으로 더 빠르고 더 넓으며 더 촘촘하게 연결될 것이다.

 혹시 최근에 스마트폰의 전원을 완전히 꺼놓은 적이 있는가? 우리는 아주 중요한 일이 아니고는 스마트폰의 전원을 끄지 않는다. 오히려 오후가 되면서 배터리가 부족하다는 경고메시지가 뜨면 불안해지기 시작한다. 보조배터리를 연결하거나 근처 전원코드를 찾아야 한다. 왜 불안해지는 걸까? 전원이 꺼지는 순간부터 그동안 너무나 자연스럽게 해왔던 스마트폰으로 할 수 있는 다양한 것들을 못하기 때문이다.

 스마트폰을 사용하기 전, 세상을 살아가는 기본값은 오프라인이었다. 컴퓨터 전원을 켜고 모뎀을 연결해야만 온라인에 접속할 수 있었다. 지금은 다르다. 24시간 스마트폰을 끄지 않

동영상
5G, 네트워크로 하나
되는 초연결사회

는 지금, 세상은 온라인이 기본이 됐다. 온라인에서 우리들은
언제나 모두와 연결되어 있다. 이렇게 24시간 모두와 모두가
연결된 세상을 우린 '초연결사회'라 부른다.

초연결사회는 사람과 사람, 사람과 사물, 사물과 사물 사이
의 연결을 바꿔놨다. 물리적 거리를 뛰어넘는 소통이 가능해졌
고, 모두가 잠든 새벽에도 소통하는 사람들이 늘어났다. 덕분
에 '사람과 사람'의 연결은 점점 음성통화보다 채팅으로 바뀌
고 있다.

'사람과 사물'의 연결 역시 빨라지고 많아지고 있다. 공기청
정기, 세탁기, 에어컨에서 로봇청소기에 이르기까지 수많은 사
물들과 대화하는 세상이 됐다. 앞으로 IoT의 세상이 제대로 열
리게 되면 사람들은 더 많은 사물들과 연결된다. 냉장고는 우
유가 떨어졌으니 주문을 하라고 하고, 공기청정기는 미세먼지
가 괜찮아졌으니 창문을 열라고 한다. 로봇청소기는 귀가시간
을 묻는다. 지금도 수많은 카톡 메시지 때문에 정신이 없는데

사물과도 대화를 해야 한다면 더 귀찮아질 수밖에 없다. 이래서 필요한 건 우리를 대신해 모든 사물과의 대화를 총괄하는 하나의 영리한 비서다. 휴머노이드 로봇과 인공지능 스피커가 이 자리를 차지해 '사물과 사물'의 대화를 맡게 된다.

사물인터넷(IOT)이
세상을 바꾼다

5G의 시대로 접어들며 이 연결은 더 빠르고 더 정확하며 더 다양하게 확산되고 있다. 이런 빠른 세상 속에서 사람들의 움직임과 생각은 더 빨라지고 더 급해질 수밖에 없다. 여기에 더해 기업에 바라는 서비스의 속도 역시 빨라지고 있다. 특히 금융과 리테일 시장은 그 변화를 따라가기 힘들 정도다. 금융은 하루 24시간은 물론 주말에도 서비스를 제공하며 더 빠른 송금과 투자가 가능해졌고, 리테일은 새벽배송을 넘어 즉시배송과 무인화까지 진행되고 있다. 모든 것이 빠르게 변하고 있다. 그렇다면 다음은 어떤 산업이 달라지게 될까?

원더키디의 시대,
당신의 서비스는
빨라진 고객의 요구를 맞출 만큼 충분히 빠른가?

O – Only mobile
모바일만이 살아남는다

한눈에 보는 스마트폰의 진화 ⋯ 사이먼에서 갤럭시 폴드까지

이제 세상은 오프라인이 아닌 온라인이 기본이 됐다. 집과 사무실이라는 고정된 장소가 아닌 어느 곳에서나 '인터넷'을 사용할 수 있게 되었기 때문이다. 인터넷과 연결된 디바이스는 더 작고 더 가벼워져, 데스크탑은 노트북과 태블릿으로 바뀌었다. 스마트폰은 태블릿과의 경계가 무너지며 크기가 점점 커지더니 이제는 접었다 펴면 더 큰 화면을 볼 수 있는 폴더블 형태까지 나왔다.

스마트폰은 이제 우리들의 삶에서 없어서는 안 될 존재가 되었다. 저녁에 잠들기 전 마지막으로 보는 것이 스마트폰이고 아침에 일어나 알람을 끄기 위해 제일 먼저 보는 것 역시 스마트폰이다. 반면 시간이 갈수록 전화기 본연의 기능은 점점 사라지고 있다. 전화를 하지 않아도 SNS와 메신저를 통해 다른 사람들과 연결될 수 있기 때문이다.

이렇게 스마트폰과 태블릿 등 모바일 기기의 사용이 늘어나면서 웹 페이지보다 모바일 페이지를 더 많이 보게 된 것도 특징이다. 예를 들어보자. 여행자보험에 가입하기 위해 보험회사의 '웹사이트'에 접속했다. 순간 화면이 이동되며 각종 보안 프로그램을 설치하라는 페이지로 넘어간다. 이걸 다 설치하라고? 스트레스를 받을 수밖에 없다. 그런데 스마트폰에서 '모바일 웹'으로 접속하자 프로그램을 설치할 필요없이 깔끔하게 3분 만에 비교에서 결제까지 이루어졌다. 이런 경험을 한 고객은 더 이상 웹사이트에서 여행자보험을 가입하지 않는다.

카카오뱅크와 케이뱅크는 같은 인터넷전문은행이지만 운영방식이 다르다. 카카오뱅크는 홈페이지에서 기초적인 정보만 제공하고, 실제 은행 서비스의 이용은 모바일에서만 가능하다. 케이뱅크는 기존 은행들처럼 홈페이지와 모바일에서 모든 서비스를 이용할 수 있게 했다. 고객 입장에서 보면 웹과 모바일, 양쪽을 지원해 주는 케이뱅크가 더 낫다. 그럼에도 모바일만을 제공하는 카카오뱅크의 가입자는 1,000만 명, 케이뱅크의 가입자 110만 명으로 너무 큰 차이가 난다.

배달의 민족과 요기요의 홈페이지도 마찬가지다. 배달의 민족은 모바일에서만 주문할 수 있고, 요기요는 웹에서도 가능하다. 그런데 사람들은 배달의 민족을 더 이용하고 있다. 상황이 이렇다면 앞으로는 결국 Web은 죽고 Mobile Web과 App만 살아남게 된다.

글로벌 기업도 마찬가지다. 데스크탑에서 모바일로의 변환은 일과 생활패턴을 바꾸었다. 이에 가장 빠르게 적응하여 시

장을 이끌고 있는 회사가 바로 MS다. 사티아 나델라가 CEO가
된 후 MS의 전략은 윈도우를 파는 것에서 '오피스365'를 파는
것으로 바뀌었다. 윈도우는 기존의 일하던 방식, 즉 정해진 자
리에 있는 로컬 컴퓨터에서 일하는 것을 뜻한다. 반면 오피스
365는 언제 어디서 어떤 디바이스에서든 인터넷에 연결만 되
면 일할 수 있음을 뜻한다(오피스365는 매달 비용을 내는 구독형
모델이다. 한 번에 오피스 프로그램을 구매하는 것보다 비용이 저렴
하고, PC에 따로 설치할 필요없이 웹에서도 파워포인트, 워드, 엑셀
사용이 가능한 장점이 있다). 고정된 자리를 벗어나 이동성에 승
부를 건 결과는 어땠을까? 2018년 애플을 넘어 시가총액 1위
자리를 차지한 건 물론, 주가 역시 5년 동안 3배나 올랐다. 전
세계에서 제일 많은 해킹 시도가 일어난다는 미국 국방부가
2019년 9조원 규모의 클라우드 사업 파트너로 MS를 택한 것
도 이런 이유 때문이다.

'성을 쌓는 자는 망하고, 길을 뚫는 자는 흥한다'는 돌궐제국
의 명장 톤 유쿠크의 말은 오랜 시간이 지난 지금도 기억할 명
언이다. 언제 어디서든 고객의 니즈에 유연하게 대응하기 위해
서는 더 가볍고 더 빠르게 움직여야 한다. 모바일에 대한 대응,
아주 작은 준비부터 시작해 보자.

원더키디의 시대,
당신의 서비스는
모바일 시대에 맞게 준비되어 있는가?

N - Naver
네이버

우리나라에서는 네이버를 생각하지 않고는 어떤 사업도 진행하기 어렵다. 당장 눈앞에 김밥집이 있어도 맛집인지 아닌지 리뷰를 검색하고, 어떤 회사에 대해 궁금하면 역시 네이버에 검색해 정보부터 찾는다. 전 국민의 검색 플랫폼으로 정착한 네이버는 2020년 이후 일상 전반에 걸친 플랫폼으로 확장하고 있다.

웹의 시대, 사용자들이 인터넷의 넓은 바다를 항해(웹 서핑)하기 위해서는 반드시 구글, 네이버, 다음, 야후 등의 관문(포털)을 지나야 했다. 그렇기에 이 관문을 지키는 것만으로도 돈이 됐다. 첫 화면을 잘게 쪼개서 광고를 팔아도 됐고, 고객들의 검색 기록에 따른 빅데이터를 가지고 있는 것만으로도 미래를 위한 준비이자 막강한 자산이 됐다.

그런데 문제가 생겼다. 모바일 시대가 되며, 카카오톡 같은

네이버의 상징, 녹색과 날개 달린 모자에 담긴 이야기

메신저는 물론 페이스북·인스타그램 등의 SNS에 이르기까지 다양한 방법이 생겼다. 사람들은 이를 통해 관문을 통과할 필요 없이 직접적으로 정보에 접근할 수 있게 됐다. 이렇게 되면 포털 사이트들은 문을 닫을 수밖에 없다.

네이버는 달라진 환경에 빠르게 적응해 모바일에 최적화된 네이버 앱을 만들었다. 또 그동안 쌓인 빅데이터들을 바탕으로 인공지능, 로봇, 핀테크로 영역을 넓혔다. 이렇게 지난 몇 년간 각각 다른 사업처럼 추진하던 것들이 하나로 모아져 성과를 내는 시점이 바로 2020년이다.

예를 들어보자. 주말에 가족들과 외식을 하기로 했다. 뭔가 새로 생긴 맛집이 없을까? 바로 네이버에서 '검색'해 맛집을 찾고 '리뷰'를 본다. 다른 사용자들의 리뷰로 '검증'이 되면 네이버에서 '예약'을 한 후 식당을 찾아간다. 어딘지 위치를 모른다면 '네이버 지도'를 보면서 가면 된다. 식당에서는 '주문'에서 '결제'까지 네이버를 통해 마무리하고, 만족감을 '리뷰'로 남긴다. 네이버가 꿈꾸는 네이버에서 시작해 네이버로 끝나는 완벽한 하루를 보내게 된다.

평소 어디를 가는지, 특별한 날에는 어디를 가는지, 이동수단과 경로는 어떻게 되는지, 누구와 함께 가는지 등 모든 데이터를 축적하는 게 네이버의 목표다. 2019년 바뀐 네이버 모바일 앱의 첫 화면 '그린닷'은 이를 바탕으로 한 고객 맞춤화 서비스의 시작이다.

여기에 더해 장소를 추천해 주는 '네이버 플레이스', 눈에 보이는 모든 것들을 검색해 찾아주는 '네이버 쇼핑렌즈'와 '네이

새로운 네이버 모바
일 – NAVER Alpha

버 스마트렌즈', 네이버페이가 분사되어 만들어진 네이버파이
낸셜의 '금융 서비스', 테이블 위에서 주문이 가능한 '테이블주
문', 집의 인공지능 스피커와 폰에 설치할 수 있는 네이버의 인
공지능 '클로바'까지 모바일만으로도 이용할 수 있는 다양한
생활밀착형 서비스들이 있다. 그러니 앞으로 어떤 비즈니스를
준비하던 '네이버 안에서' '네이버 플랫폼'을 이용하는 방식을
발빠르게 생각해 내야 한다.

원더키디의 시대,
당신의 회사와 서비스는
네이버에서 검색되는가?

D - Digital Transformation
디지털 트랜스포메이션

디지털 트랜스포메이션은 금융을 어떻게 바꿔가고 있을까?

디지털 트랜스포메이션? 아직 이 용어가 생소한 사람들이 많다. 2019년 9월, LG의 구광모 회장은 사장단 워크숍에서 '디지털 트랜스포메이션'을 통한 위기극복을 강조했고, 우리금융 그룹·대한항공·쿠팡·KB증권 등 우리가 일상에서 만나는 대부분의 기업들도 디지털 트랜스포메이션을 차세대 생존전략으로 채택했다. 그만큼 반드시 알아야 할 단어이다.

디지털 트랜스포메이션(DT)에 대한 정의는 회사마다 약간씩 다르지만, 마이크로소프트의 CEO 사티아 나델라는 그의 책《히트 리프레시》에서 이렇게 말하고 있다.

1. 기업은 데이터를 활용해 소비자가 경험할 수 있는 모든 것들을 개선해야 한다.
2. 디지털 기술을 이용해 새로운 업무환경을 구축해 생산성을 높이고, 공동으로 일할 수 있는 작업을 늘려야 한다.

3. 판매·운용·재무 등 기업의 모든 업무절차를 단순화·자동화시켜야 한다.
4. 제품과 서비스는 물론 비즈니스모델을 변화시켜야 한다.

정리하자면 기업의 모든 부분이 '디지털'로 변해야 한다는 이야기이다. 이 변화를 빠르게 받아들이는 기업은 살아남고, 그렇지 못한 기업은 도태될 수밖에 없다. 이 관점에서 DT는 두 가지로 나눌 수 있다.

하나는 판매하는 모든 상품에 대한 전 과정의 디지털화다. 제품의 기획, 제조, 생산, 판매, 운송, 고객관리에 이르기까지, 모든 분야에 대해 아날로그적인 요소들을 디지털로 변화시켜야 한다.

다른 하나는 회사 내부 업무환경의 변화다. 2018년부터 주 52시간 근무제가 적용되면서 각 기업마다 일하는 시간이 줄어들었다. 하지만 일은 줄어들지 않았다. 정해진 시간 내에 일을 제대로 빨리 끝내기 위해서는 생산성을 올려야 한다. 이를 위해 네이버웍스, 잔디, 오피스365와 같은 업무생산성 도구들이 등장했다.

업무 디지털화의 가장 쉬운 예는 '클라우드 서비스'의 활용이다. 개인의 로컬PC에 저장되는 문서들은 해킹과 파손의 위험이 크다. 하지만 클라우드에 저장되는 문서들은 이런 리스크를 줄일 수 있다. 앞서 이야기한 미 국방부가 MS의 오피스365를 도입한 이유이기도 하다. '구글 설문조사' 역시 훌륭한 예가 될 수 있다. 과거 고객들을 대상으로 설문조사를 하기 위해

서는 디자인팀·개발팀을 설득해야 했다. 몇 번의 회의와 베타테스트를 거쳐 겨우 고객들에게 설문지를 보내고 취합된 결과를 가독성 높은 PPT로 만들어 보고하는 데까지 짧게는 2주, 길게는 한 달이 걸렸다. 하지만 지금은 혼자서도 충분하다. 금액은 무료에 가깝고, 걸리는 시간도 설문조사 시트를 만든 후 배포에서 취합까지 반나절이면 충분하다.

디지털 트랜스포메이션이 시간절약과 생산성은 물론 매출 향상까지 올릴 수 있는 생존의 방법으로 여겨지는 이유이다. 세상이 변했고 고객이 변했다. 빨라진 고객의 요구에 대응하기 위해서는 더 빠르게 움직여야 한다. 모든 사업전략과 이를 뒷받침하기 위한 내부시스템의 디지털화는 빠르게 진행되어야 한다.

원더키디의 시대,

당신의 사업은 디지털화되어 있는가?

E - Electric Mobility
전기 이동수단

전기·대체 에너지의 시대다. 환경 오염, 지구 온난화에 대해 해결해야 하는 문제인 건 다들 공감하지만 그렇다고 모두가 적극적으로 움직이지는 않았다. 쓰레기장은 멀고, 편의점은 가깝기 때문이다. 하지만 미세먼지가 우리나라를 강타하며 달라졌다. 환경 문제는 이제 우리에게 닥친 현실의 문제인 걸 자각하게 되며, 전기·대체 에너지는 우리나라에서도 끊임없는 관심의 대상이 됐다.

그 중심에는 당분간 전기를 이용한 이동수단(Electric Mobility)이 있을 예정이다. 초소형 전기차, 전동킥보드, 전기자전거가 많은 관심을 받고 있다. 그렇다고 전기차에 대한 관심이 줄어든 건 아니다.

지난 10년 전기차와 관련해 가장 이슈가 있는 곳은 중국과 독일이다. 중국은 대기오염 문제를 해결하기 위해 국가 차원에

미국, 전기차 시장

서 끊임없이 전기차 산업을 육성해 왔다. 이미 2014년 '제조업 2025' 플랜을 만들어 실행한 결과 2018년 전 세계에서 판매된 전기차 159만 대 중 약 65%인 104만 대가 중국에서 팔릴 정도였다. 전 세계 완성차 업체들이 중국을 향해 끊임없이 러브콜을 보내는 이유이기도 하다. 독일은 폭스바겐의 디젤엔진 배기가스 조작사건과 메르켈 총리의 2023년까지 540억유로(70조원) 이상을 투자하겠다는 선언 이후 끊임없이 투자와 생산이 이루어지고 있다.

가장 주목받은 회사는 테슬라다. 테슬라는 보급형 모델 '모델 3'를 내놓으면서 전 세계 완성차 제조업체를 자극했다. 그동안 전기차가 없던 건 아니지만 테슬라에서 내놓는 전기차들이 디자인은 물론 성능에서도 주목받게 되자 완성차 제조업체들도 분발하여 제대로 된 전기차들을 만들어 내기 시작했다. 테슬라를 향한 관심은 언제나 '테슬라는 언제 망하지?'라는 궁금증을 가져왔다. 그만큼 테슬라의 대표인 엘런 머스크는 주가

테슬라, 모델3 국내
뒤늦은 인도 시작

가 떨어지는 기행을 자주 하고, 약속한 차량 인도는 계속 늦어
졌기 때문이다.

2019년부터 반전이 일어났다. 항상 적자였던 테슬라가 3분
기부터 순이익으로 전환했고, 주가는 20% 이상 상승했다. 또
중국 상하이에 리튬이온전지 공장인 기가팩토리를 짓는 건 물
론 테슬라 차량을 구매할 때 일부 세금면제 혜택을 받게 된 것
역시 테슬라에게는 호재가 됐다. 2019년 말에는 전기 트럭인
'사이버 트럭'까지 선보였다. 국내에서도 2019년 말부터 모델
3의 정식 주문 및 인도가 이루어지고 있다. 적자의 늪을 탈출
한 테슬라, 앞으로 계속 지켜봐야 할 회사다.

우리나라도 2019년 10월 정부 차원에서 '2030 미래자동차
산업 발전전략'을 발표했다. 이 전략의 핵심은 2025년까지 플
라잉카를 실용화하고, 2027년까지 주요 도로에서 완전자율주
행을 시행하고, 2030년까지 모든 차종의 친환경차 비중을 늘
리겠다는 것이다. 정부의 의지에 따라 관련 산업들에 대한 지
원과 규제 완화는 충분히 예상해 볼 수 있다. 다만 하늘을 나는
자동차(플라잉카)는 먼 나라 이야기 같고, 전기차는 충전이 불

미래차 경쟁력 1등
국가 위한 '2030 미
래자동차 산업 발전
전략' 추진

편하다는 생각 때문에 쉽게 지갑이 열리지 않는다. 그래서 당분간 우리 주변에서 바로 볼 수 있는 변화는 '전기'로 움직이는 개인화된 탈 것(퍼스널 모빌리티)인 '전기자전거'와 '전동킥보드'가 확산될 것이다. 이미 강남 일대는 많은 회사들이 뛰어들며 전동킥보드의 전장이 되었고, 전기자전거는 전국으로 퍼져나가고 있다. 이를 둘러싼 기업들의 라스트 마일에 대한 이야기는 Part 2의 '스마트 모빌리티'에서 다시 한번 확인해 보자.

당신이 자동차와 모빌리티와 관련 있는 일을 하고 있다면 현재 변화를 민감하게 읽고 준비해야 한다. 자동차가 처음 나왔을 때 일자리를 잃게 된 건 마차를 몰던 마부만이 아니다. 마차를 만드는 곳은 물론 관련된 모든 산업들이 일자리를 잃었다. 자동차의 부품이 단순해져서 정비할 필요가 없게 된다면? 전기차가 활성화되며 엔진이 사라진다면? 지금까지 10년간 축적된 스마트한 변화는 한 번에 모든 걸 바꿔놓게 될 것이다.

원더키디의 시대,
모든 것들이 전기로 달리기 시작했다.
당신의 사업은 준비되어 있는가?

R - Real
가상현실을 넘은 새로운 현실

R은 Real, 실감나는 세상을 의미한다. 5G 이후 바뀌게 될 세상 중 하나는 화질과 속도의 지연이 없는 완벽한 가상과 현실의 어울림이다. 지난 10년 동안 가상현실 시장은 꾸준히 성장해 왔다. 다만 눈에 확 보이는 돈이 될 만한 것도, 우리의 삶에 그렇게까지 많은 영향을 미칠 만한 것도 특별히 없다 보니 '이게 정말 세상을 바꿀 만한, 관심을 기울일 만한 기술인가?'라고 의심하게 됐다. 이렇게 생각하게 된 가장 큰 이유는 가상현실이 없어도 현실세계를 살아가는데 아무 문제가 없기 때문이다. 예를 들어 극장에서 영화를 볼 때 4D로 보면 재미를 더할 수는 있지만 지금처럼 2D로 봐도 내용을 이해하는데 아무 불편이 없다. 지금까지의 가상현실은 이 정도 수준이었다.

우리가 가상현실과 증강현실에 관심을 가지게 된 건 '포켓몬 GO' 때문이다. 포켓몬 GO는 현실세계 위에 가상의 세계가 놓

누군가 AR을 묻거든 그저 〈알함브라 궁전의 추억〉을 보게 하라

여지는 AR(증강현실)이다. 그동안 VR(가상현실)에 가려져 관심에서 밀려나 있던 AR에 대해 관심을 가지게 된 건 높은 수익성 때문이다. 포켓몬 GO는 출시 3년 만에 26억달러(약 3조원)의 매출을 달성했다. 또 드라마 〈알함브라 궁전의 추억〉은 현실에 AR 게임을 적용하면 어떻게 보이는지를 잘 보여줬다. 여기에 더해 MS는 AR을 강화한 혼합현실(MR) 안경인 홀로렌즈를 선보였고, 구글과 애플 역시 AR 분야에 엄청 많은 공을 들이고 있으니 조만간 우리는 스마트 안경과 렌즈를 끼고 다니게 될 것이다. 분명한 건 VR을 중심으로 달려가던 방향이 AR로 바뀌고 있다는 것이다.

KT, 세계 최초 대륙간 홀로그램 텔레프레젠스 선보여!

지지부진했던 국내 통신 3사의 움직임도 5G 상용화 이후 빨라지고 있다. KT는 9,500km 떨어져 있는 LA와 실시간으로 연결해 홀로그램 회의를 진행하는 모습을 보여줬다. 영화 〈킹스맨〉에서 볼 수 있었던 모습인데, 아직 화질은 개선되어야 하지만 그래도 현실이 되어가고 있다. 이와 관련해 더 자세한 이

야기는 Part 2에 담았다.

이제 현실과 가상, 가상과 현실, 그 경계가 없어지는 '실감 (Real)'의 시대가 시작된다. 다만 당장은 주변에서 '우와~' 하면서 돈을 쓰게 될 일은 없어 보인다. 현재도 우리 주변에서 볼 수 있는 VR 테마파크, 스마트폰으로 할 수 있는 AR 스티커 등에서 크게 변하지 않을 것이기 때문이다. 그러나 퀄리티가 더 올라가고 비용은 저렴해지고 있다. 이러다 어느 순간, 마치 화상전화를 하는 일이 너무 쉬워졌듯 가상현실을 이용하는 게 쉬워지는 순간을 맞이하게 될 것이다.

원더키디의 시대,
가상과 현실이 하나가 된다.
우리는 어떤 사업을 준비해야 하는가?

K - Kakao
카카오

카카오, 환경변화 적
극 대응

K는 카카오를 말한다. 네이버는 웹의 강자고, 카카오는 모바일을 지배하고 있다. 2010년에 등장한 카카오톡 덕분에 네이트온과 마이피플이 사라졌다. 만약 네이트온이 조금 더 빨리 스마트폰용 앱을 만들었다면 어떻게 됐을까? 만약 마이피플이 PC와 스마트폰을 연동해 쓸 수 있는 거의 유일한 메신저임을 좀 더 적극적으로 홍보했다면 어떻게 됐을까? 역사에는 가정이 필요없다지만 만약 그랬더라면 카카오톡은 살아남지 못했을 게 분명하다.

그 이유는 메신저는 쉽게 수익을 낼 수 있는 사업이 아니기 때문이다. 카카오톡 역시 지속적인 적자를 버텨야 했다. 이걸 뒤집어 생각하면 당시 대기업들은 돈도 안 되는 메신저 시장에 굳이 뛰어들 이유가 없다고 생각했을 수 있고, 적자행진이었던 카카오톡이 언젠가 망할 거라고 생각했을 수도 있다. 하지만 전설적인 게임이었던 카카오게임 '애니팡'의 성공과 함께 카카오톡은 전 국민의 스마트폰에 설치된 거의 유일한 앱이 되었다. 이를 토대로 한 플랫폼의 힘은 2014년 네이버의 경쟁사 '다음'과의 합병으로 이어졌고, 지금은 카카오톡을 바탕으로 카카오페이, 카카오T, 카카오뱅크에서 쇼핑에 이르기까지 2019년 기준으로 계열사만 90개가 넘을 정도로 성장했다.

'벌써 10년' … 레전드가 되어가는 애니팡

그렇다면 카카오는 2020년 이후 어떤 쪽으로 확장을 할까? 공격과 방어, 두 가지 측면에서 재미있는 일들이 벌어질 것이다. 메신저의 경우 꾸준한 공격을 받을 것이다. 네이버가 유일하게 가지고 있지 못한 영역이 개인 메신저다. 물론 '라인'이 전 세계적으로 카카오톡보다 점유율이 높지만 국내에서는 다르다. 그래서 카카오톡이 유일하게 진출하지 못한 기업 메신저 시장부터 '라인'을 통해 공략하고 있다. 메신저 시장을 위협하는 건 라인뿐만이 아니다. 카카오톡의 뒤를 이은 국내 메신저 시장 2위인 '페이스북 메신저'다. 카카오톡의 단점은 카카오톡에 대한 사람들의 '지루함'이다. 너무 오래도록 써왔고, 너무 많은 사람들이 쓰며, 너무 많은 회사에서 업무용으로 쓰고 있다. 이런 익숙함을 이겨내는 게 카카오톡의 과제다.

기업용 메신저 '라인웍스' 금융계 확산

카카오의 공격과 확장 역시 무섭다. 카카오톡과 연결된 서비스를 더 많이 만들어 카카오톡이 없이는 살 수 없게 만드는 걸 목표로 한다. 이를 입증하는 건 카카오톡의 '더보기' 메뉴다. 쇼핑에서 장보기까지 이미 많은 서비스들이 들어있다. 2019년 11월 시작한 '카카오 메일'도 주목할 필요가 있다. 모두들 굳이 '카카오 메일을 사용할 필요가 있을까?'라고 생각하겠지만, 카카오 메일을 메인으로 하여 다른 메일들을 통합해서 카카오톡 안에서 확인할 수 있게 만든다면 이야기는 달라진다. 결국 카카오가 가고자 하는 방향은 메신저 플랫폼 위에 다양한 일상의 모든 서비스를 연결하고 있는 중국의 '위챗'이 아닐까?

원더키디의 시대,
당신은 카카오 플랫폼을 이해하고 있는가?

I - AI
인공지능의 시대

4차산업혁명의 핵심은 AI, 즉 인공지능이다. 여기서는 '인공' + '지능' 중 후자인 I(Intelligence)에 초점을 맞추어 보자.

인공지능에 대한 연구는 1950년대부터 시작되었다. 하지만 대중적으로 특히 국내에서 주목받은 건 2016년부터라 해도 과언이 아니다. 이세돌 9단과 알파고의 승부가 있었기 때문이다. 결과는 알파고의 압승이었고, 더 이상 사람은 체스에 이어 바둑에서도 인공지능을 이길 수 없게 됐다. 이런 빅이벤트 덕분에 일반인들도 '딥러닝'이란 말을 쉽게 이야기할 수 있게 됐고, 인공지능에서의 구글의 인지도도 올라갔다. 하지만 그 전에도 우리는 이미 개인화된 인공지능과 매 순간을 함께하고 있었다. 애플의 시리, 구글의 구글 어시스턴트, 삼성의 빅스비에 이르기까지 스마트폰을 가지고 있다면 누구나 인공지능과 함께하고 있다.

구글 어시스턴트, 알렉사·시리보다 똑똑해

인공지능이 바꾼 현재까지의 모습과 앞으로의 미래에 대한 이야기들은 Part 2에서 더 자세히 다룰 예정이다. 다만 이것만은 기억하자. 앞으로 10년, 우리의 일상에서 만날 수 있는 인공지능은 무엇이 있을까? 개인의 일상과 연관된 '스마트홈'이다. 지난 10년은 기업들이 각각의 인공지능을 다양한 사물에 집어넣었던 때다. 덕분에 TV, 스피커, 스마트폰, 냉장고, 공기청정기 등 정말 다양한 곳에 인공지능이 알게 모르게 들어가게 됐다. 다음 스텝은 '활용'과 '연결'이다. 자주 사용하게 만들어 사람들이 편리함을 느끼게 만들어야 한다. AI 스피커 '구글홈 미니'는 국내 시장 진출과 동시에 사은품으로 샤오미의 스마트 전구 'yeelight'를 제공했다. 일단 써봐야 인공지능 스피커의 편리함을 느낄 수 있을 거라 생각했기 때문이다.

이제 우리는 집을 나오면 자동차에서, 이동 중에는 귓속의 이어폰을 통해 연결된 인공지능을 만나고 있다. 여기서의 핵심은 이번에도 '선점'이다. 다른 경쟁사들보다 먼저 끊김없는 맞

스마트홈, 더 가까이 왔다

춤형 서비스를 인공지능이 제시해 줄 수 있느냐인데, 스마트폰 회사들과 통신 3사가 끊임없이 개인 데이터를 모으는 이유도 이 때문이다.

일상에서 고도화된 인공지능을 상대하려면 사람들의 지능도 업그레이드해야 한다는 공상과학에서나 나올 만한 이야기를 뉴스에서 볼 수 있는 시대가 됐다. 과연 우리는 어떤 것들을 더 배우고 준비해야 할까? 아이들이 배우는 코딩교육뿐 아니라 성인들도 기초적인 인공지능에 대해 배워야 하는 시기가 바로 지금이다.

앞으로 10년, 일단 일상 속 인공지능을 경험하고 활용하며 준비해야 한다.

원더키디의 시대,
당신의 사업은
인공지능을 활용할 준비가 되어 있는가?

D - Data
Data Technology의 시대

또 다른 D는 데이터를 의미한다. 앞에서 언급한 디지털 트랜스포메이션을 줄여서 DT라고 한다. 그런데 알리바바의 마윈은 DT를 다른 의미로 Data Technoligy(데이터기술)라고 불렀다. 그는 IT의 시대가 '내'가 중심이 되어 관리하는 IT(정보기술) 방식이라면 DT(데이터기술)의 시대는 '타인'을 중심으로 타인이 성공해야 내가 성공할 수 있다는 사고의 변화가 기술의 변화를 이끈다고 말했다. 알리바바의 성공 역시 이런 데이터기술이 없었다면 불가능한 일이었다. 데이터를 활용해 돈을 버는 일이 미래의 핵심가치가 될 것이라는 의미이기도 하다.

김범수 카카오 의장도 "IT 비즈니스에서 DT 비즈니스 시대로 빠르게 넘어가고 있다" "모바일의 시대에서 데이터기술의 시대로 넘어가는 변곡점이다"라며 데이터의 시대를 강조하고 있다. 그래서 디지털의 변화(디지털 트랜스포메이션)와 데이터

김범수의 진단 "DT 시대 왔다, 앞으로 10년 데이터가 돈 번다

중심시대(데이터기술) 양쪽을 우린 모두 주목해야 한다.

그렇다면 그동안에는 데이터가 의미가 없었던 걸까? 물론 아니다. 다만 수집할 만한 도구가 없었고 분석할 만한 기술이 없었기에 중요하게 생각되지 않았다. 하지만 지금은 다르다. 모든 사람들이 스마트폰을 들고 다니면서 자발적으로 생산해 낸 수많은 데이터들, 이렇게 방대한 양의 데이터들을 분석해 결과를 도출해 낼 수 있는 슈퍼컴퓨팅, 이 두 가지가 있기에 빅데이터는 의미가 있다.

하지만 빅데이터를 마법처럼 떠받드는 사회 분위기는 걸러서 볼 필요가 있다. 빅데이터를 분석해 사업을 진행하면 반드시 성공할 것 같지만 실상은 그렇지 않다. 모든 통계와 빅데이터의 분석은 '과거에 이랬으니 미래에도 이렇게 될 것 같다'라는 예상치를 보여줄 뿐이지 현실에서는 그때그때마다 상황에 따라 다르기 때문이다.

정부에서는 빅데이터에 대한 자료가 충분히 쌓임에 따라 공공데이터 포털을 개방해 필요로 하는 사람들이 데이터를 이용할 수 있도록 하고 있다(data.go.kr). 특히 부동산, 상권, 국민건강 등 생활과 밀접한 36개 분야를 선정해 '국가 중점 데이터'로 공개했고, 이를 통해 경찰청의 교통사고 통계 등을 쉽게 확인할 수 있게 됐다.

빅데이터의 중요성과 연구, 활용은 사라지지 않는다. 오히려 지금 당장 눈앞의 매출을 올리는 게 아니라 조금 더 확실한 빅데이터 분석을 통해 앞으로 무엇을 어떻게 바꿀 수 있는지를 보여주는 시대가 됐다. 이 변화는 Part 2에서 다룰 리테일테크에서 좀 더 다룰 예정이다.

> 원더키디의 시대,
> 당신은 고객의 데이터를
> 활용할 준비가 되어 있는가?

Y - Youtube, You
당신의 시대

Y는 유튜브다. 지난 10년간 유튜브는 엄청나게 성장했다. 뿐만 아니라 유튜브를 하는 개인들, 즉 수많은 크리에이터들을 부자로 만들었다. 이런 멋진 플랫폼이 앞으로도 생겨날 수 있을까? 앞으로 10년, 유튜브는 계속 살아남을 수 있을까?

영상의 시대이다 보니 경쟁은 더욱 가속화되고 있다. 페이스북과 인스타그램도 영상을 서비스하기 시작했다. 아마존이 인수한 트위치는 유튜브의 가장 강력한 경쟁자 중 하나다. 국내에서는 카카오TV와 네이버TV가 유튜브를 무섭게 추격하고 있고, 전 세계적으로는 미국에까지 입성한 15초의 마술 '틱톡'의 공세가 매섭다. 특히 틱톡은 AR 이모티콘의 사용은 물론, 영상을 만드는데 필요한 'BGM'을 해결해 저작권에 대한 고민과 부담을 덜어준 것도 사용자들이 쉽고 빠르게 영상을 제작하는데 도움을 줬다. 이러한 도전에도 불구하고 유튜브는 더

유튜브에 맞서는 네이버-카카오-아프리카TV의 자세

일상 IT

크게 성장할 수밖에 없다. 유튜브가 가진 힘은 축적된 콘텐츠
와 수많은 사용자다. 2005년 시작된 유튜브는 10년 넘게 왕좌
의 자리를 지키며, 크리에이터들을 위한 서비스들을 지속적으
로 개선해 왔다. 물론 어느 날 갑자기 크리에이터들이 떠난다
면 문제가 될 수도 있겠지만 유튜브만큼의 수익을 만들어 줄
수 있는 곳도, 광고가 될 수 있는 곳도 없기에 유튜브의 미래는
밝을 수밖에 없다.

　아직 유튜브 계정이 없는 기업이라면 지금 당장 만들어야
한다. 다른 사람에게 팔고 싶은 물건이 있거나 자신에 대해 알
려야 하는 개인이라면 오늘 당장 자신의 채널을 만들어야 한
다. 처음부터 하나씩 준비하고 계산하며 달릴 시간이 없다. 대
부분의 사람들은 지금부터 해야지 해야지 해야지 하다가 타이
밍을 놓친다. 지금부터 영상을 찍고 콘텐츠를 올리기 시작해야

축적된 콘텐츠의 힘이 한 번에 터지게 되는 순간을 만나게 될 것이다.

원더키디의 시대,
당신은 지금 유튜브를 하고 있는가?

지금까지 원더키디(WONDER KIDY)에 맞춰 2020년 이후 주목해야 할 10개의 IT 핵심 키워드를 살펴봤다. 각 키워드의 공통점은 우리 주변에서 우리가 흔히 볼 수 있는 일상 속 IT라는 데 있다. 지금 당장은 삶과 사업 모두에 크게 영향이 없다고 여겨질지도 모른다. 하지만 반드시 알고 있어야 하는 키워드이다. 미리 알고 준비해야 대응할 수 있다. 갑작스러운 변화란 없다.

2장

달라진 세상, 원더키디를 이해하는 5가지 키워드

원더키디를
이해하는 방법

스마트폰이 세상에 나오기 전과 후로 우리의 삶은 완전히
달라졌다. 언제 어디서나 원하는 사람들과 대화를 나눌 수 있
고, 인터넷만 연결되어 있다면 어디서든 원하는 정보를 실시간
으로 찾을 수 있는 우리는 새로운 능력을 부여받은 새로운 세
대가 됐다.

지금 세상은 사업을 하거나 물건을 판매하거나 서비스를 제
공하는 입장이라면 고객에 대한 분석과 이해는 필수다. 기성
세대들은 나이 어린 세대를 보며 '요즘 애들은 왜 저래?'라는
질문을 던진다. 나이 어린 세대가 기성세대에게 던지는 질문
도 마찬가지다. 그렇다면 서로의 차이점을 찾기 전에 공통점을
찾는 게 더 빠르지 않을까? 예를 들어 유튜브를 통해 홍보를
한다고 해서 10~20대만을 타켓으로 하는 건 위험하다. 물론
10~20대가 유튜브를 가장 많이 보지만 그 다음으로 50대 이

유튜브에 빠진 한국

상 세대가 3위를 기록했다. 와이즈앱이 내놓은 자료에 따르면 유튜브 시청시간은 모든 연령층에서 증가했으며, 50대 이상은 30대와 40대보다도 평균 시청시간이 높았다.

트렌드를 쉽게 읽고 고객을 이해할 수 있는 가장 쉬운 방법이 있다. 바로 자신의 일상과 주변 사람들의 일상을 가만히 관찰하는 것이다. 스마트폰을 하루에 얼마나 사용하는지, 쇼핑은 어떻게 하는지, 결제는 어떤 방식으로 하는지 등 기존에는 너무 당연하게 여겼던 것들을 천천히 관찰하고 생각하는 것만으로도 다양한 트렌드를 발견해 낼 수 있다. 여기서는 달라진 우리, 원더키디의 세상을 이해할 수 있는 5가지 키워드를 준비했다. 확인해 보자.

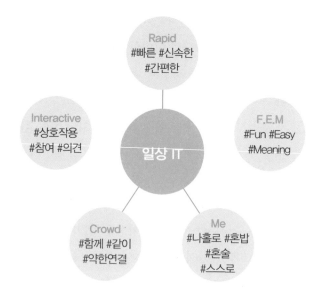

Rapid
#빠른 #신속한 #간편한

첫 번째 키워드는 Rapid(빠름과 신속함)이다. Speed가 빠름이라면 Rapid는 휘발성의 빠름, 신속함을 의미한다. 스마트폰을 사용하면서부터 검색도 생각도 서비스도 빨라졌다. 이렇게 빨라진 사람들은 오래 기다리지 않는다. '웹'의 시대에는 접속한 사이트가 느리거나 접속이 되지 않을 경우 그래도 '새로고침'을 누를 여유가 있었다. 지금은 다르다. 모바일 웹에 들어갔는데 접속되지 않으면 바로 '홈' 버튼을 누르고, 다운받은 앱이 실행되지 않으면 망설이지 않고 지운다.

스마트폰 요금제에 '데이터 무제한 요금제'가 생기며 기본요금이 단말기 가격을 포함해 거의 10만원을 넘었다(최신 폰 기준). 그러다 보니 한 가정의 통신요금이 월 30만원을 넘어서지만 이 비용을 줄이지 못한다. 그 이유는 속도, 즉 언제 어디서나 연결된 세상을 즐기려면 언제 끊길지 모르는 느린 공용와

이파이보다 자신의 데이터를 쓰는 게 더 편하고 빠르기 때문이다.

동영상
'캐시리스' 확산, 현금 없는 사회 온다

이렇게 빨라진 세상은 돈을 거래하는 방식을 바꿨고, 물건을 사고파는 방식을 바꿨다. 돈은 사람들에게 민감할 수밖에 없는 주제다. 스마트폰을 쓰며 빠름에 익숙해진 사람들이 제일 싫어하는 건 '시간낭비'다. 통장을 개설하기 위해 굳이 은행에 신분증을 가지고 방문해야 하는 번거로움을 견디고 싶어 하지 않는다. 금융기관 사이트에 접속할 때마다 매번 공인인증서를 입력하는 것도 귀찮다. 사람들의 이런 귀찮음에 응답한 곳들이 있다. 간편송금서비스인 토스, 오프라인 은행 없이 모바일에서 가입이 가능한 카카오뱅크와 케이뱅크다. 빨라진 사람들의 요구는 은행을 비롯한 금융회사들을 변화시켰다. 재미있는 건 이 변화가 다시 사람들을 빨라지게 만들었다는 점이다. 한 번이라도 토스와 카카오페이로 쉽게 송금해 본 사람들은 어렵게 돈을 보내고 싶어 하지 않는다. 한 번이라도 삼성페이로 쉽게 결제해 본 사람들은 더 이상 많은 카드를 가지고 다니지 않는다. 이렇게 빨라진 금융서비스는 현금이 필요없는 캐시리스(Cashless) 사회를 앞당기고 있다.

기존 대형은행들이 변한 건 이 때문이다. 지금까지는 기존 고객들이 자신의 자금을 굳이 작은 핀테크 업체에 옮길 필요가 없었다. 하지만 이제는 다르다. 빨라진 고객들은 왜 당신들의 금융서비스는 빠르지 못하냐고 묻기 시작했다. 모든 은행의 조회나 이체가 가능해진 공동결제시스템, 즉 오픈뱅킹이 시작된 이유이기도 하다.

오픈플랫폼을 구축한 것입니다

동영상
앱 하나로 '모든 은행
거래'… 오픈뱅킹 시작

  결제의 빠름과 간편함이 영향을 미친 또 하나의 분야는 '리테일'이다. 물건을 구매하고 사는 과정은 계속해서 빨라지고 있다. 2박 3일 걸리는 게 당연하던 택배는 하루만에 배송되기 시작하더니 이제 당일배송을 해준다. 그런데 배달이 빨라지면 빨라질수록 사람들의 기대는 줄어들지 않고 더 커진다. 마켓컬리가 연 새벽배송 덕분에 밤에 주문하면 아침에 받을 수 있는 즉시배송의 시대가 되었다. 여기서도 핵심은 속도다.

치열해진 배송 속도
전 … '시간을 판다'

Interactive
#상호작용 #참여 #의견

인터렉티브(Interactive)는 상호작용을 의미한다. 이제는 모두가 스마트폰을 쓰며 정보는 평준화됐다. 누구나 약간의 시간을 들이면 원하는 정보를 쉽게 찾을 수 있기 때문이다. 과거에는 특정인과 특정세력이 독점하던 정보를 이제는 누구나 알 수 있게 되며 상대방의 이야기를 쉽게 믿지 않는다. 아무리 A식당이 맛있다고 말해도 일단 스마트폰으로 정보를 찾는다. 아무리 B상품이 좋다고 말해도 바로 결정하지 않는다. 검색이 먼저다. 뭔가를 구매하거나 서비스를 받고 나서 '호구' 소리를 듣고 싶지 않기 때문이다.

이렇게 영리해진 소비자를 상대하기 위해서는 '신뢰'가 필수다. 하지만 단기간에 신뢰를 형성하기는 어렵다. 방법이 있다. 바로 '소통'이다. 페이스북, 인스타그램을 넘어 유튜브까지 SNS는 예전보다 더 크고 넓은 소통의 장이 되었다. 물론 'SNS

는 인생의 낭비다'라는 알렉스 퍼거슨 감독의 말을 인용하며 SNS를 하지 않는 기업이나 식당도 있다. 하지만 인생의 낭비라 생각하며 SNS를 하지 않아도 되는 건 개인에게 해당되는 이야기일 뿐이다.

재계의 인플루언서 … '3人3色' SNS 스타 회장님들

사업체를 운영하거나 다른 이들에게 무언가를 서비스하고 있다면 SNS는 더 적극적으로 해야 한다. 그렇게 욕을 먹으면서도 트럼프 대통령이 SNS를 하는 이유는 자신의 말을 왜곡 없이 그대로 전하고 싶기 때문이다. 유명한 사람이나 대기업들은 어쩌다 한 번 스윽 SNS에 글을 올려도 화제가 된다. 하지만 그렇지 않은 대부분의 사람들과 회사들은 좀 더 전략적으로 접근해 SNS를 적극 활용해야 한다. 아직도 기업에 SNS를 전담하는 직원이 없다면 지금 당장이라도 자리를 만들어 고용해야 한다. 그 직원이 하는 일이 하루종일 페이스북과 인스타그램과 유튜브를 보는 일이어도 괜찮다.

고객의 참여를 가장 잘 활용하고 있는 곳으로 '배달의 민족'이 있다. 배민은 매년 '배민신춘문예'를 개최해 고객들의 적극적인 참여와 소통을 이끌어 내고 있다. 또 닭의 맛을 감별하는

치믈리에 이어 … 배달의민족, '배민 떡볶이 마스터즈' 11월 개최

'치플리에', 최고의 떡볶이 미식가를 찾는 '배민 떡볶이 마스터즈' 등 지속적으로 사람들의 관심을 끌어내는 행사를 열고 있다.

최근에는 영화와 드라마에서도 고객의 참여를 유도하는 인터렉티브 형식이 인기를 끌고 있다. 관객이 직접 주인공이 되어 스스로 스토리를 선택하게 하는 것이다. 그동안 일방적으로 봐야 하는 영화에서 벗어나 관객이 직접 만들어 가는 참여형이라는 점에서 많은 사람들이 관심을 보였다. 이에 넷플릭스는 베어 그릴스가 나오는 〈당신과 자연의 대결〉〈마인크래프트 : 스토리 모드〉〈블랙미러 : 밴더 스내치〉 등 시청자들이 직접 분기점에서 스토리를 선택할 수 있는 인터렉티브 무비를 꾸준하게 선보이고 있다.

IT 기업도 고객과의 원활한 상호작용을 원한다. 샤오미는 '미팬'이라는 샤오미를 사랑하는 고객 팬클럽을 가지고 있다. 물론 어느 회사나 자신들의 제품을 좋아하는 사람들의 팬클럽을 만들 수 있다. 하지만 만들 수 있어도 이들과의 지속적인 소

인기 웹툰 '목숨값', 5G 인터랙티브 드라마로 재탄생

동영상 〈블랙미러 : 밴더 스내치〉

통은 쉽지 않다. 샤오미는 매주 올라온 불만사항과 개선사항을 정리한 후 매주 관련 기능들을 아주 조금이라도 반영해 업그레이드했다. 이러한 작고 꾸준한 소통을 통해 결국 '미팬'이라는 열광적인 팬클럽을 가지게 되었다.

지난 10년간 달라진 고객들이 원하는 것은 좋아하는 기업이나 브랜드가 있을 때 눈으로만 보는 것이 아니라 직접 의견을 제시하고 참여하며 일체감을 느끼고 싶어 하는 것이다.

샤오미의 최고 가치는 파괴적 효율성 가격·성능 모두 잡아 미팬 확보 집중

Crowd
#함께 #같이 #약한연결

소셜 네트워크의 구
조 "강한 연대, 약한
연대 "

'약한 연결'이란 직접적인 만남은 약하지만(실제로 자주 만나지는 않는다는), 같은 생각으로 뭉친 강한 연대라는 뜻이다. 지금 세상은 그 어느 때보다 약하지만 강하게 연결되어 있다. 2019년 10월, 서초동과 광화문에는 각각의 이유를 가지고 많은 사람들이 모였다. 이 집회가 열릴 수 있었던 건 역시 SNS 덕분이다. 누군가 한 명의 외침으로 끝났을지도 몰랐을 일이 SNS를 통해 널리 퍼져나가 결집된 힘으로 나타났다. 이제 트위터, 페이스북을 넘어 유튜브에 이르기까지 모두가 모두에게 이야기를 전할 수 있는 시대가 된 것이다.

약하지만 강한 연결은 눈에 보이는 집단의 힘만으로 나타나는 건 아니다. 《80/20의 법칙》의 저자 리처드 코치는 2012년 《낯선 사람 효과》라는 책을 통해 가깝고 친밀한 관계가 아닌 별로 가깝지 않은 낯선 사람들이 우리의 삶에 더 많은 기회를

동영상
누이 좋고 매부 좋
은 '크라우드 펀딩'이
란?

준다고 말했다. 맞다. 낯선 관계는 SNS를 통해 더 많이 이루어
진다. 실제로 누군가를 소개해 달라는 이야기를 들을 때 한 번
도 얼굴을 본 적이 없더라도 페이스북에서 많은 글들을 통해
그 사람이 어떻게 살아가는지를 지켜봤다면 그것만 가지고도
소개하는 경우가 있지 않은가?

SNS를 통해 나타난 '뭉치는 힘'은 크라우드펀딩을 통해 좀
더 직접적으로 구체화됐다. 개개인들의 작은 돈이 모인 투자가
현물로 돌아오는 리워드 펀딩, 높은 이자로 돌아오는 P2P 펀
딩이 좋은 예다. 다만 기업의 입장에서는 이렇게 뭉치는 게 좋
은 것만은 아니다. 약간의 오해만으로도 일파만파 퍼져나가 기
업의 생사를 좌우할 정도로 영향을 미칠 수 있기 때문이다.

이렇다 보니 요즘 사람들은 가볍게 만나는 것에 익숙해져
있다. 오프라인 만남이 아니더라도 카카오톡의 오픈채팅방을
통해 불특정 다수와 의견을 교환하기도 한다. 혼자이지만 혼자
가 아닌 연결의 세상! 주목할 수밖에 없는 우리의 변화다.

Me
#나홀로 #1인가구 #스스로

2019 KB 한국 1인가구 보고서

여럿이 같이 있으면서도 또 혼자인 시대가 됐다. 통계청과 KB금융지주 연구소에 따르면 2017년의 1인가구는 562만 명이었다. 2030년에는 720만 가구가 1인가구가 된다고 한다. 그리고 이 속도는 가속화되면 가속화되지 절대로 줄어들지 않을 거라 예상된다. 우리에게는 아직도 완벽한 가족의 숫자는 넷이다. 결혼 적령기인데 아직 결혼하지 않았다면 언제 결혼할 거냐고 묻는다. 결혼을 하고 나면 아이는 언제 가질 거냐고, 아이가 하나 있다면 "둘째는" 하고 묻는다. 하지만 이제 이런 질문을 그만할 때가 됐다. 이미 우린 1인가구 시대가 됐다.

판 커지는 집안일 비즈니스 … 귀찮은 청소·빨래, 모바일 앱 하나로 OK

이렇게 혼자 있는 개인들과 2인 혹은 3인 이하의 소가구를 대상으로 성장한 대표적인 서비스가 O2O다. 스마트폰 하나로 뭐든지 주문할 수 있게 되며 배달·청소·세탁 등 다양한 분야에서 1인가구를 위한 서비스들이 생겨나고 있다.

ME 키워드는 #소확행 #미니멀리즘이란 키워드들과도 연결된다. '돈은 없지만 오늘 하루는 확실하게 행복하고 싶다'에서 연결되는 소확행, 생존을 위한 최소한의 서비스, 미니멀리즘을 위해 필요한 물건들만 사는 일들…. 우리는 이렇게 바뀌고 있다. 그렇다고 해서 싸고 저렴한 가성비 좋은 물건만 찾는 건 아니다. 다른 곳에 쓸 돈을 아끼더라도 나에게 도움이 될 수 있는, 내 마음에 드는 #가심비 있는 물건이라면 소비를 아끼지 않는다. #일점호화주의라는 말이 등장한 것도 이 때문이다.

신혼집, 1인가구 '미니멀' 트렌드 가속

'물건을 소유하지 않는다'에 주목해서 등장한 서비스들이 있다. 바로 넷플릭스, 밀리의 서재, 리디북스 셀렉트, 와이즐리와 같은 '구독형 서비스'들이다. 매달 일정한 돈을 내면 무제한으로 영화·드라마·책을 볼 수 있는 서비스들은 앞으로도 계속될 전망이다. 와이즐리 역시 상당히 재미있는 모델인데, 면도기라는 저렴하면 저렴하다고 할 수 있고 비싸면 비싸다고 할 수 있는 이 시장에 제대로 된 가성비 좋은 면도기라는 서비스로 승부수를 던졌다. 이런 구독서비스를 이용하며 사람들은 직접 물건을 사서 쓰는 것보다 알아서 해당 날짜에 돈이 빠져나가고 물건도 알아서 배달되는 편리함을 알게 됐다. 따라서 앞으로도 꽤 괜찮은 조건의 구독서비스를 알게 된다면 구독형 서비스는 계속 늘어날 것이다.

구독의 경제학 "나올 건 다 나왔다"

와이즐리 "구독경제, 소비자 마음 읽는 데서 시작합니다"

'살롱문화'에도 주목할 필요가 있다. 사람들은 매일 함께 일을 하는 사람들, 매일 같은 공간에서 삶을 영위하는 사람들과 일을 마친 후에까지 함께 있고 싶어 하지 않는다. 그렇다고 혼자 있고 싶지는 않다. 낯선 사람들과의 만남이 편한 건 아니지

'새로운 관계'가 뜬다, 21세기 '살롱문화' 르네상스

만 나 역시 누군가에게 낯설 수 있다. 이건 달리 말하면 자신감이 된다. 굳이 몇 살이고 어떤 학교를 다니고 어떤 회사를 다니며, 결혼을 했는지 안했는지 시시콜콜한 인생 이야기를 할 필요없이 동일한 목적을 가지고 깔끔하게 만났다 헤어지는 모임, 이런 공통의 관심사를 가지는 모임이 점점 활성화되고 있다.

대표적으로 유료 독서모임 커뮤니티 '트레바리'는 300개 클럽 4,600명의 멤버를 가진 국내 최대 독서모임인데, 2019년 2월 소프트뱅크벤처스와 패스트인베스트먼트에서 50억원을 투자받았다. 트레바리는 단순히 모여서 독서를 하는 모임이지만 4개월 기준으로 19~29만원을 내고 만나는 유료모임이다. 이제 사람들은 자신에게 맞는 관심사가 있다면 기꺼이 지갑을 여는 것도 주저하지 않는다.

지식콘텐츠 플랫폼 '폴인(fol:in)' 역시 재미있는 곳이다. 2019

독서모임 스타트업 '트레바리', 50억 투자 유치

원더키디의 시대 Part 1

년 열린 폴인 스터디 '외식 비즈니스의 미래'는 5주간 오프라인 강의와 네트워킹이 이어졌고, 이후에는 디지털 리포트가 제공됐다. 이처럼 일회성의 강의를 넘어 관심 분야에 대해 심도 깊은 이야기를 나눌 수 있는 모임은 점점 많아질 수밖에 없다.

이외에도 많다. 30대를 위한 콘텐츠 플랫폼을 내세운 '월간 서른'은 매달 서른 주변의 사람들이 듣고 싶고 배우고 싶은 연사의 이야기를 듣고 나누는 모임이다. '챌린저스'는 작심삼일을 이기기 위한 사람들을 위한 앱이다. 누구나 자신만의 프로젝트를 만들 수 있고, 참여자들은 일정금액을 내고 챌린지에 참가한다. 예를 들어 내가 진행했던 시간관리 챌린지는 매일 아침 정해진 시간까지 하루의 계획을 쓰고, 사진으로 찍어 제출해야 한다. 이 프로젝트를 성공적으로 마친 사람들에게는 참여금 전부를 돌려주는 형태로 진행됐다.

주 52시간 근무제가 도입되며 예전보다 빠르게 퇴근할 수 있는 사람들이 많아졌다. 빠르게 퇴근은 했지만 무엇을 해야 할지 모르는 직장인들, 아직도 무엇을 잘하는지 모르기에 방황하는 오춘기의 사람들 등 많은 사람들이 무언가를 배우기 위해, 어딘가에서 함께 이야기를 나누기 위해, 또 자신을 찾기 위해 만남을 찾고 만날 수 있는 공간을 찾는다. 그래서 낯선 개인들이 뭉쳤다 사라지는 살롱문화는 앞으로 더 성장할 수밖에 없다.

대구은행 제2본점 1층에는 DGB BOOK CAFE '커피명가'가 있다. 멋진 인테리어를 가진 곳으로, 조금만 검색해 봐도 많은 글들을 볼 수 있다. 부산은행은 이디야커피와 함께 협업 영업점을 확장해 나가고 있다. 이처럼 공간을 가진 기업이라면 좀 더 적극적으로 이들에게 모임을 위한 공간을 내주는 건 어떨까? 공간에 대한 홍보, 공간에 대한 좋은 평가를 SNS에 올려주는 것만으로도 꽤 많은 홍보효과를 볼 수 있지 않을까?

살롱의 시대에 맞춰 고객들에게 어떤 서비스로 다가갈 것인지 조금만 더 생각해 보자.

F.E.M
#Fun #Easy #Meaning

F.E.M, 사람들은 예전보다 더 재미있고(Fun), 쉬운(Easy) 콘텐츠를 찾기 시작했다. 여기에 더해 이제 '의미(Meaning)'까지 찾고 있다. 이런 이유로 기업이 전하는 메시지는 점점 더 가벼워지고 있고, 영상과 광고는 짧아지고 있다.

이모티콘을 생각해 보자. 2011년 출시된 카카오톡 이모티콘을 보고 누가 이런 걸 돈 주고 사겠냐는 사람들도 있었지만 2018년 데이터를 보면 누적매출 10억원 이상인 이모티콘만 50개, 총 상품 수는 6,500개, 월간 이모티콘의 발신량은 22억 건이다. 감정을 표현하는데 있어 글보다 이모티콘이 더 적합하다 보니 많은 사람들이 돈을 내고 구매하고 있기 때문이다.

그리고 이제는 이모티콘을 넘어 '짤'이 유행하고 있다. 긴 글보다 하나의 이미지가 전하는 효과가 더 크기 때문이다. 재미있는 현상은 이런 '짤'은 원래 개인들이 만들어 퍼트렸는데 이

'대박' 좇는 이모티콘 시장

제는 기업에서 '의도된 짤'을 만들어 낸다는 점이다. 과도한 동작, 큰 자막처리가 좋은 예다.

'와썹맨'·'워크맨'은 하루아침에 나오지 않았다

　　유튜브의 성장 역시 여기에서 찾을 수 있다. 지금 이 순간에도 수많은 개인들이 유튜브에서 다양한 콘텐츠를 보고, 또 올린다. 초반에는 재미 위주의 자극적인 콘텐츠들이 관심받았다면 이제는 재미도 있고 '의미까지' 줄 수 있는 채널들이 사랑받고 있다. 아나운서 장성규의 유튜브 채널인 〈워크맨〉이 최단기간인 3개월 만에 300만을 돌파한 이유이기도 하다. 이렇게 퀄리티와 내용이 좋은 영상들이 많아지면서 개개인들의 유튜브 시청시간은 점점 더 늘어나기 시작했다. 뿐만 아니라 삶의 모든 것에서 이왕이면 쉽고 재미있으며 의미까지 있는 것들을 찾다 보니 이에 대한 욕구도 점점 커지고 있다.

　　그래서 기업의 마케팅은 더 힘들어졌다. "올드미디어는 없다. 올드한 비즈니스 마인드가 있을 뿐이다"라는 jTBC의 방지현 디지털사업 본부장의 말처럼 이제 기업은 쉽고 재미있는 걸 넘어 의미까지 줘야 하는 시대가 됐다.

3장

원더키디의
미래,
중국을 읽다

중국의 현재에서
우리의 미래를 보다

'중국' 하면 떠오르는 모습을 생각해 보자.

길고 긴 만리장성, 넓은 땅, 13억이 넘는 인구, 크고 시끄러운 목소리, 공항에 가면 항상 볼 수 있는 면세점 물건을 가득 사서 바닥에 늘어놓은 모습 등 우리는 '중국' 하면 크고 넓고 사람이 많으며 지저분한 모습을 떠올린다. 그래서일까? 우스갯소리로 전 세계에서 중국을 무시할 수 있는 나라가 얼마 없는데, 그중 하나가 우리나라라는 말도 있다.

'중국의 현재는 우리의 미래다'라고 이야기하면 어떤 생각이 드는가? 말도 안 되는 소리라고 할 것이다. 공산국가가 되자는 말이냐, 사대주의적 발상이다, 중국으로 가서 살아라 등등 이상한 사람 취급을 받을 수도 있다. 맞다. 중국의 현재 모습이 우리의 미래가 될 수는 없다. 하지만 중국 대도시에서 볼 수 있는 중국의 IT 기술, 특히 그들의 일상 속에 깊게 파고든 IT만큼은 우리보다 3~4년은 충분히 빠르게 느껴진다.

중국에서는 어디서나 공유자전거를 타는 모습을 볼 수 있다. 또 어디서나 디디추싱 앱으로 택시를 호출하는 모습을 볼 수 있다. 길거리 노점에서도 QR 결제가 생활화되어 있다. 파란 옷의 배달 오토바이들이 빌딩 숲을 누비는 모습은 아름답기까지 하다. 그런데 우리보다 한참이나 뒤졌다고 생각했던 중국이 어떻게 IT분야에서는 일상 속에 쉽고 빠르게 파고들 수 있었을까?

가장 큰 이유는 역시 국가 체제가 다르기 때문일 것이다. 우리나라의 경우 공유자동차 우버는 법규 때문에 정착하지 못하고 떠났다. 타다는 찬반 의견이 나뉘며 불법과 편법의 경계에서 이슈가 됐다. 당연한 일이다. 민주주의의 장점은 누구나 자신의 의견을 낼 수 있다는 데 있다. 그래서 사회적 합의를 도출하는 데까지 오랜 시간이 걸린다. 하지만 중국은 다르다. 그래서 빠르다. 전기차의 도입도, 알리페이와 위챗페이 등 모바일 결제가 일상에 사용된 것도 빨랐다. 정부에서 정책을 발표하면 빠른 속도로 진행되기 때문이다.

중국의 일상 속 IT는 우리보다 빠르다. 하지만 그 기술이 따라잡을 수 없을 만큼 멀리 있는 수준은 아니다. 우리나라의 IT 기술은 분명 최고 수준이며, 이 글을 쓰는 순간에도 중국과 유사한 서비스들이 우리의 일상에도 적용되고 있다. 그래서 더 중국을 지켜봐야 한다. 언제나 그렇듯 트렌드에서 중요한 건 '본질'이다. 모든 IT 기술은 결국 우리의 '삶'을 편하게 만드는 데 쓰이는 '기술'이다. 삶이 먼저고 기술은 나중이다. 그렇기에 중국의 '일상 속 IT'에서 우리가 계속 발견해 나가야 하는 건 IT가 그들에게 미친 영향, 반대와 갈등, 실수들이다.

다시 돌아가 보자. 중국의 현재가 우리의 미래가 될 수 있을까? 그에 대한 답을 내리기 전에 중국인의 일상에 IT 기술이 어떤 영향을 미쳤는지 살펴보면 우리의 일상에도 IT 기술이 어떤 영향을 미치게 될지 알 수 있지 않을까? 마찬가지로 사회에 적용해 가는 과정에서 어떤 단점들이 있었는지를 알게 되면 우리도 그만큼의 실수를 줄일 수 있지 않을까? 중국의 현재에 대해 조금 더 자세히 알아야 하는 이유다.

우리는 중국 기업에 대해
너무 모른다

:: 화웨이

동영상
화웨이, 어떤 기업이
고 어떻게 될 것인가?

이 회사는 어떤 회사일까? 미중전쟁에서 가
장 많이 언급된 회사이다 보니 이제 화웨이
를 모르는 사람은 없는 것 같다. 하지만 화웨이가 세계 1, 2위
를 다투는 네트워크 장비회사라는 걸 아는 사람은 별로 없다.
또 화웨이가 노트북, 스마트폰, 태블릿 등 다양한 전자제품을
만드는 회사라는 것도 잘 모른다. 기억하는 사람은 별로 없지
만 KT에서 화웨이의 Be Y 폰과 태블릿을 내놓기도 했었다. 삼
성의 '갤럭시 폴드'처럼 접히는 스마트폰 '메이트 X'를 만든 회
사이자 중국에서는 스마트폰 1위 업체, 전 세계 스마트폰 판매
량 2위 업체라는 걸 아는 사람은 없다(참고로 2019년 2분기 기준
1위는 삼성, 3위는 애플, 4위는 샤오미다).

:: 샤오미

 이 회사는 적어도 국내에서는 모르는 사람이 없을 것이다. '애플의 짝퉁'이라는 별명을 가지고 있지만 가성비 좋은 다양한 제품을 만드는 것으로 유명한 샤오미다. 보조배터리는 애플스러운 멋진 디자인에 가격까지 저렴해 가성비와 가심비를 잡은 대표상품으로 자리잡았다. 이외에도 스마트폰, 스마트밴드, 마사지기, 로봇청소기, 액션캠, 전동칫솔, 캐리어, 볼펜에 이르기까지 다양한 제품을 끊임없이 만들어 내는 곳이다.

하지만 샤오미의 시작이 안드로이드의 커스텀 롬, 즉 UI를 만들던 회사라는 걸 아는 사람은 별로 없다. 중국에서 삼성전자보다 더 많은 스마트폰을 파는 곳이라는 것과 2015년 인도 진출 후 4년 만에 삼성을 뛰어넘어 판매량 1위가 되었다는 걸 아는 사람은 별로 없다. 그저 대부분의 사람들에게 샤오미는 싸고 좋은 물건을 파는 중국회사일 뿐이다.

샤오미, '카피캣·대륙의 실수'를 넘어 세계로.

:: 텐센트

 이 회사는 좀 낯설다. 하지만 많이 들어본 것 같다. 이 회사가 기억에 남는 건 2019년 초 게임회사 넥슨이 매물로 나왔을 때 인수 의사를 밝힌 회사들 중 하나였기 때문이다. 도대체 어떤 회사이기에 10조원에 달하는 넥슨을 인수한다는 걸까?

텐센트는 넥슨을 비롯해 다양한 국내 게임들을 따라 만들며 짝퉁 소리를 듣기도 했고, 중국 내에서 퍼블리싱을 맡아 수익

텐센트, 죽어야 산다

을 올렸던 회사다. '짝퉁'이라는 소리를 듣던 텐센트가 넥슨을
인수할 정도로 성장했으니 관심을 가질 수밖에 없다. 넥슨의
창업은 1994년이고, 텐센트의 설립은 1998년이니 4년 차를
두고 시작한 텐센트는 그동안 많은 회사들을 인수·합병했다.
'리그 오브 레전드(LoL)'를 개발한 라이엇 게임즈를 2015년 인
수했다. 한때 강남역에 도배가 될 만큼 광고했던 클래시 오브
클랜, 뒤를 이어 클래시 로얄, 브롤스타즈로 유명한 슈퍼셀 역
시 2016년에 인수했다. TV 광고를 통해 한국 유저들에게 '한
판 붙자'를 외친 크리스 프랫이 광고한 포트나이트의 제작사
에픽게임즈의 최대주주이기도 하다.

　이것만이 아니다. 중국 사람 모두가 사용하는 걸로 알려진
메신저인 '위챗'을 가진 회사이기도 하다. 전 세계 시가총액
100위 기업 안에 들어있는 텐센트는 B.A.T.라 불리는 중국 1
세대 인터넷 기업 중 하나다.

　이처럼 우리는 중국 기업에 대해 너무 모르고 있다. 아니 사

동영상
텐센트. 뭐하는 회사
에요?

실 별로 알려고 하지 않았는지도 모른다. 한류 열풍이 일어날 때 중국에서 〈별에서 온 그대〉가 인기라는 이야기를 듣고도 '우리나라의 세련된 영상을 이제야 아는 거지'라는 자부심만 있었지 '왜 중국에서 그 드라마가 열풍이 불었는지'에 대해서는 궁금해 하지 않았다.

2009년 11월 11일 6,000만위안으로 시작한 중국 광군제에서 알리바바의 매출액이 10년 만인 2019년에는 4,500배 증가한 2,684억위안으로 성장했다. 처음으로 공개된 2019년 전체 광군제 매출실적은 1조 4,800억위안(246조 6,684억원)이나 된다. 여기에 참여한 농심·삼양식품·LG생활건강·락앤락 등 우리 기업들이 엄청난 매출을 올리고 있음에도 불구하고 아직까지 '광군제'가 뭔지, 어떤 회사에서 진행하는 건지 관심도 없고 알려고 하지 않는다.

246조원 … 中 광군제 매출실적 첫 공식 발표

이외에도 많다. 볼보를 사들이고 벤츠의 1대 주주이기도 한 전기자동차 회사인 '지리자동차'의 영향력은 계속해서 강해지고 있다. 금융분야에서는 2015년 우리나라의 동양생명을 인수한 '안방보험'도 성장세가 놀라울 정도다. 또 서비스 강자인 훠궈전문점 '하이디라오'는 로봇 매장을 만들며 푸드테크 시장에 뛰어들었다. 알리바바의 오프라인 매장 '허마센셩'은 주문에서 결제·배달까지 알리페이가 적용되며, 3km 이내라면 30분 내에 배달하겠다고 약속을 했다.

이제 우리는 중국 기업들에 대해 더 관심을 가져야 한다. 이를 위해 Part 2에서는 각각의 핵심분야에서 두각을 나타내고 있는 중국 기업들에 대해 조금 더 자세히 알아보도록 하겠다.

IT는 어떻게 중국의 일상을 바꾸었나?

중국 기업들의 IT 기술은 중국인들의 일상을 어떻게 변화시켰을까? 4가지 분야로 나누어 생각해 보자.

:: 메신저

우리나라의 국민 메신저는 카카오톡이다. 그렇다면 전 세계 사람들이 제일 많이 쓰는 메신저는 뭘까? 라인? 위챗? 아니다. 전 세계 1위는 왓츠앱, 2위는 페이스북 메신저, 3위는 위챗, 4위는 QQ모바일이다. 1위 왓츠앱은 2014년 페이스북이 인수했으니 전 세계 1위와 2위 메신저는 모두 페이스북이 가지고 있다. 그리고 3위와 4위인 위챗과 QQ모바일을 가진 회사가 바로 중국의 텐센트다.

2011년 시작된 위챗 서비스는 2018년 기준 매월 10억 명 이상의 유저들이 사용하고 있다. 기업들은 위챗에서 공식 계정을 만들어 고객들과 소통하며, 샤오청쉬라는 위챗 내에서 실행 가능한 미니 프로그램으로 메신저 안에서 고객들에게 주문도 받고 홍보도 하고 있다. 가히 중국의 일상을 바꾼 일상 연결 플랫폼이다.

동영상
중국에서 인기라는 '미니 프로그램'에 대해 알아봅시다!

:: 결제(Pay)

QR 결제는 중국 어디서나 이용할 수 있다. 편의점과 음식점은 물론 자판기에서 오락실의 게임기까지 QR 결제가 보편화되어 있다 보니 현금을 가지고 다니는 사람들이 거의 없다. 이렇게 중국 사람들의 일상을 바꾼 간편결제를 이끌고 있는 곳은 알리바바의 알리페이와 텐센트의 위챗페이다.

동영상
거지도 'QR 코드' … 중국의 현금 없는 하루

알리페이는 2004년 알리바바의 전자상거래 업체인 '타오바오'에서 시작된 간편결제 서비스로, 지금은 결제에서 영화표 예매까지 모든 게 가능하다. 위챗페이는 메신저 '위챗'에서 사용가능한 간편결제 서비스로, 위챗페이로 결제하는 순간 업체와 고객이 연결된다는 장점을 가지고 있다.

네이버페이, 카카오페이가 가고 싶어 하는 미래를 여기에서 엿볼 수 있다.

:: 승차공유

중국 여행을 가게 되면 반드시 설치해야 하는 앱이 있다. 바로 중국판 우버로 불리는 '디디추싱'이다. 무려 중국시장의 80% 이상을 점유하며 13억 중국인의 발이라고도 불리는 이 서비스는 언제 어디서나 쉽게 차량을 호출할 수 있다. 게다가

세계 2위 모빌리티
中 디디추싱, 韓 진출

디디추싱은 2019년 일본에 진출했고 2020년에는 한국에도 진출한다는 이야기가 나오고 있다.

'카카오택시'와 '티맵택시' '타다'의 미래이기도 하다.

:: 배달

중국 O2O의 제왕 메이퇀뎬핑, 시총 74조 원, 중국 3대 IT사로 등극

중국의 대도시를 걷다 보면 흔히 볼 수 있는 모습 중 하나가 바로 배달 오토바이다. 이 시장을 이끄는 기업은 알리바바의 '어머러'와 텐센트가 투자한 '메이퇀'이다. 언제 어디서나 스윽 앱을 열어 음식은 물론 일상에 필요한 모든 것들을 주문할 수 있다.

중국인들의 삶을 편하게 만든 이 서비스에 주목하고 있는 건 '배달의 민족'과 '쿠팡'을 비롯한 커머스 업체들이다.

IT는 우리의 일상을
어떻게 바꾸는가?

1장

인공지능,
일상에
다가오다

손정의,
AI를 외치다

"AI!" "AI!" "AI!"

2019년 7월, 청와대에 초대된 소프트뱅크 손정의 회장은 문재인 대통령과의 만남 이후 진행된 미니특강에서 '인공지능'을 3번이나 강조했다. 과거 김대중 대통령을 만나는 자리에서는 '브로드밴드'를 3번 강조했다며, 지금 한국이 초고속 인터넷

동영상
손정의 소프트뱅크
회장 접견

강국이 된 것을 축하했다. 그리고 이런 대단한 성공을 계속 이어가기 위해서는 비전을 가지고 방향을 잡아야 한다며 매일같이 "AI"를 외쳐야 한다고 말했다. 손정의 회장의 말에서 발견할 수 있는 중요한 포인트는 두 가지다.

첫째 '매일같이'다. 이 말은 인공지능이 우리의 삶에 어떤 영향을 미치게 될지, 무엇을 준비해야 할지 매일같이 생각해야 한다는 이야기다. 한두 번 반짝 나타났다 사라지는 정책과 관심이 아니라 그 무엇보다도 가장 우선시해야 한다는 말이다.

둘째 '무엇을 어떻게 해야 하는지'에 대한 제시다. 단지 '인공지능이 중요하다'는 데서 끝나지 말아야 한다며, 손정의 회장은 'AI 교육' 'AI 투자' 'AI 합작'이라는 세 가지 방향을 제시했다. 의미는 명확하다. 지금부터 인공지능과 관련한 교육을 강화해 미래 인재를 키워야 한다. 당장 성과가 나오지는 않겠지만 지금 교육에 투자해야 '인재'가 생긴다. 기술력이 부족하다면 '투자'를 해야 한다. 자금의 투자뿐 아니라 제도의 개선 역시 투자다. 합작도 마찬가지다. 국내의 기술이 부족하다면 기술을 가지고 있는 해외 업체들에게 지금보다도 더 많은 러브콜을 보내야 한다.

그동안 정부에서 AI에 신경 쓰지 않았던 건 아니다. 다만 손정의 회장과의 만남을 통해 확신과 속도를 얻은 건 분명해 보였다. 이어 2019년 8월에는 '2020년까지 AI, 5G, 미래차에 4조 7,000억원을 투자할 것'이라는 정부의 계획이 발표됐다. 10월에는 네이버의 'DEVIEW 2019'에서 문재인 대통령이 직접 기조연설을 했는데, 여기에서 구체적인 계획이 언급됐다. 먼저

IT는 우리의 일상을 어떻게 바꾸는가? Part 2

인공지능 회의 현장 방문
2019.10.28

동영상
마음껏 상상하고 도
전할 수 있는 인공지
능 시대

마음껏 상상하고 함께하고 도전할 수 있는 마당을 만들겠다며,
개발자들이 상상력을 실현해 나갈 수 있도록 '포괄적 네거티
브 규제'로의 전환, 데이터 3법(개인정보보호법, 정보통신망법, 신
용정보법)의 개정을 약속했다. 둘째, 기업의 수익 창출 지원이
다. 2020년에는 데이터·네트워크·인공지능 분야에 2019년
대비 50% 늘어난 1조 7,000억원을 배정하겠다며, 정부의 데
이터 자원 혁신과 공공데이터 원천 공개, 대용량 클라우드 컴
퓨팅 지원 등 말뿐이 아닌 금전적인 지원을 약속했다. 마지막
으로 인공지능을 활용한 일등 국민을 만들기 위해 누구나 인
공지능을 배울 수 있도록 교육기회를 제공하겠다고 했다. 특히
연설 말미에 '인공지능 정부'를 언급한 것으로 보아 이는 앞으
로 구체적으로 나올 '인공지능 국가전략'의 기본구상이라고 볼
수 있다.

　앞으로 기업은 물론 정부 차원에서도 인공지능에 대한 관심
과 투자는 계속될 것으로 보인다. 문재인 대통령의 말처럼 우

뇌경색 빠진 한국 AI
… 데이터 3법 처리
또다시 불발

리는 '스마트폰 자동번역 기능과 자동차 네비게이션 같은 인
공지능'을 매일 만나고 있다. 그러니 우리 역시 익숙해져야 할
것은 멀리 있는 인공지능 로봇이 아니라 우리 주변의 일상 속
인공지능이다. 예를 들어 이런 환경이다.

"시리야, 내일 아침 7시에 알람 맞춰 줘!"

"샐리야, 오늘 날씨는?"

매일 아침 일어나면 네이버 클로바에게 날씨를 묻는다. 뭔가
궁금한 게 생겼을 때는 아이폰 시리에게 묻는다. TV에 연결되
어 있는 구글홈은 넷플릭스와 유튜브를 쉽게 연결해 준다. 9살
된 아이는 가끔 시리에게 덧셈과 곱셈 답을 확인한다. 언젠가
부터 바뀐 우리집 풍경이다. 하나씩 인공지능이 늘어갈수록 하
나씩의 집안일을 아웃소싱하고 있다.

트렌드 강의가 끝나면 수강생들에게서 다양한 질문을 받는
다. 이 중에서 기억나는 질문이 있다.

"강사님, 정말 세상이 그렇게 빨리 변할까요? 인공지능이 대
단하다고 여기저기서 이야기하는데 저희 회사 시스템을 봐도
그렇고, 저희 일상생활을 봐도 그렇고 인공지능은 조금 먼 이
야기 아닌가요?"

맞다. 4차산업혁명, 빅데이터, 인공지능 등 IT 기술은 듣기에
는 화려하지만 막상 우리의 일상에서는 쉽게 보이지도 않는데,
왜 이것들을 알아야 할까? 정말로 인공지능과 함께하는 세상
이 빠르게 오고 있기는 한 걸까?

2016년, 전 세계가 주목한 빅이벤트가 한국에서 열렸다. 바
로 이세돌 9단과 구글 알파고의 바둑 대국이었다. 대국이 열

리기 전에는 이세돌 9단의 승리를 점쳤지만, 결과는 1:4 알파고의 압승으로 끝났다. 이때 '딥러닝'이라는 말을 일반 사람들도 알고 됐고, 스스로 생각할 수 있는 인공지능이 나왔다는 것에 놀라워하고, 또 두려워했다. 하지만 그걸로 끝이었다. 이후 세상은 금방 바뀔 것 같았지만 지난 몇 년간 많아진 건 '알파고 바둑학원'뿐이었고, 알파고는 그저 사람보다 바둑을 잘 두던 인공지능으로만 기억에 남았다.

그럼, 우리가 생각하는 인공지능은 언제나 현실이 될까? 책과 영화에서 만나던 〈마블 시리즈〉의 '자비스', 잊혀질 만하면 신작이 나오는 〈터미네이터〉의 '스카이넷', 〈2001 스페이스 오딧세이〉의 슈퍼컴퓨터 '할' 등 인간을 뛰어넘는 초인공지능은 언제쯤 볼 수 있을까? 이에 대해 미래학자 레이 커즈와일은 《특이점이 온다》에서 그 시기를 2045년으로 예상했다. 하지만 그때 정말로 인간을 능가하는 인공지능이 나타날지 아닐지는 아무도 모른다.

확실한 건 인공지능의 연구는 멈추지 않고 계속된다는 점이다. 평소 신경 쓰지 않고 살지만 우리 주변에 있는 전기 덕분에 우리의 삶이 유지되듯 인공지능도 발달하면 발달할수록 우리 주변에서 더 이상 '인공지능'이라고 부르지 않을 때가 오게 될 것이다.

국내외의 사례를 통해 좀 더 자세하게 알아보자.

인공지능이 범인이라면 처벌은 어떻게 할까?

일상 속 인공지능, 어디까지 왔나?

:: 소프트뱅크

소프트뱅크의 손정의 회장은 그의 나이 19세에 '20대에 세상에 이름을 떨친다. 30대에 운영자금을 모은다. 40대에 일생의 승부를 건다. 50대에 사업모델을 완성시킨다. 그리고 60대에 은퇴한다.'라는 인생 50년 계획을 세우고 하나씩 실천해 간 것으로 유명하다. 그런 그가 은퇴계획을 번복했는데, 그 이유는 인공지능 때문이었다.

"인류 역사상 가장 큰 규모로 패러다임의 전환이 오고 있다. 인공지능이 인간을 지식과 지능의 측면에서 추월하고 있다." 며, 조금 더 키를 쥐고 싶다고 말했다. 향후 30년간 인공지능, 스마트 로봇, 사물인터넷 분야에 집중할 거라 선언했고, 실제로 손정의의 비전펀드는 인공지능 관련 회사들에 꾸준히 투자하고 있다. 영국의 반도체 설계회사 ARM이 대표적이다. 2016

인공지능 때문에 은퇴도 번복했던 손정의

년 320억달러(약 35조원)에 인수했는데, 당시 ARM은 100조원 가량의 부채까지 있었으니 정상적인 투자는 아니었다. 시장의 반응 역시 '미친 투자'라고 할 정도였지만 AI 투자라는 범주에서 보면 꼭 필요한 투자였다.

손정의는 왜 ARM을 인수했을까?

이 관점에서 소프트뱅크는 승차공유분야의 우버와 그랩, 의료분야의 로이반트와 핑안굿닥터, 금융분야의 소피와 중안보험, 물류분야의 델리버리와 도어대시, 부동산분야의 위워크와 카테라, 그리고 쿠팡에 이르기까지 다양한 기업에 투자하고 있다. 손정의 회장은 이런 투자를 '전략적인 AI군 전략', 즉 각 분야의 1등 기업에 투자하는 전략이라고 이야기했다.

일반적으로 투자를 할 때는 경쟁이 될 만한 회사에는 하지 않는 게 상식이다. 그런데 우버와 그랩을 보듯 소프트뱅크는 두 회사 모두에 투자한다. 왜일까? 답은 쉽다. 시장 전체를 장악하기 위함이다. 요기요와 배달통이 다른 회사처럼 보이지만 딜리버리 히어로즈에서 인수한 하나의 회사이고, 옥션과 G마켓이 같은 회사이지만 군이 합병을 하지 않는 것과 같다.

손정의 "7조원 손실에도 공격투자 이어간다"

덕분에 소프트뱅크는 다양한 분야에서 인공지능과 관련한 수많은 데이터를 수집할 수 있게 됐다. 앞으로 이 데이터는 어떤 사업에도 적용할 수 있는 고부가가치의 데이터가 될 것이 분명해 보인다.

그렇다면 소프트뱅크의 모든 투자는 성공했을까? 초기에 투자했던 알리바바의 경우 3,000배 이상 수익이 났을 정도로 크게 성공했다. 다만 위워크는 IPO가 취소됐고, 쿠팡 역시 지속적인 적자에서 벗어나지 못하고 있기에 모든 투자가 성공했다

동영상
소프트뱅크 비전펀
드와 투자의 방향

고는 말할 수 없다. 하지만 이제 시작이다. 이렇게 스타트업들
에게 뿌려둔 씨앗이 언제 큰 수익으로 돌아오게 될지는 아직
모른다. 손정의가 만들어 나가는 제국은 아직 끝나지 않았다.

:: 구글

구글의 인공지능이라 하면 흔히들 '알파고'를 떠올린다. 그
런데 알파고는 대단하지만 일상에 와닿지는 않는다. 오히려 관
심을 가져야 할 건 우리의 스마트폰 속에서 지금도 계속 업데
이트되고 있는 '구글 어시스턴트'다.

"미용실을 예약할 수 있을까요?"

2018년 구글 연례개발자회의에서 공개된 '듀플렉스'는 현
장에 있던 사람들은 물론 이를 지켜보던 모든 사람들을 놀라
게 했다. 인공지능이 사람을 대신해 전화를 걸고 자연스럽게
대화를 하며 예약까지 가능한 서비스가 드디어 나온 것이다.

듀플렉스는 1년이 지나 2019년 '듀플렉스 온 더 웹'으로 진화하며, G메일과 크롬에 저장되어 있는 결제정보(카드정보)를 바탕으로 항공권과 렌터카를 자동으로 예약할 수 있게 되었다. 더 놀라운 건 앞으로는 클라우드를 거칠 필요없이 스마트폰 안에서 구글 어시스턴트를 통해 바로 구동될 수 있다는 데 있다. 이는 비행기모드로 놓은 상태에서도 다양한 명령을 내릴 수 있다는 것으로, 클라우드까지 올라갔다 다시 내려오는 지연시간 없이 더 빠르게 인공지능을 활용할 수 있음을 뜻한다. 이 외에도 '구글 렌즈' 앱으로 식당 메뉴를 찍으면 인기있는 메뉴를 확인할 수 있고, '구글 고' 앱으로 문자를 찍으면 음성으로 읽어주는 기능 등 스마트폰의 인공지능을 활용할 수 있는 다양한 방법이 소개됐다.

진화된 인공지능을 사용하기 위해서는 이를 뒷받침할 수 있는 '좋은 스마트폰'이 필요하다. 애플은 iOS와 아이폰을 둘 다 만들기에 관계 없지만 구글의 경우 안드로이드 OS를 쓰는 제조사들의 스마트폰이 각각 다르다. 이 때문에 구글은 해마다 안드로이드폰 제조회사들에게 기준이 되는 스마트폰(플래그십 스마트폰)을 출시하는데, 2019년 10월에 공개된 '픽셀 4'는 성능을 최대한 올린 플래그십 스마트폰이었다. 이 스마트폰 카메라의 성능에 대해 구글 인공지능 엔지니어를 맡고 있는 마크 르보이 스탠퍼드대 교수는 "빛나는 달과 달 아래 펼쳐진 풍경은 기존 스마트폰으로는 동시에 촬영할 수 없다. 밝기 차이가 50만 배에 달하기 때문에 달을 잡으면 아래 풍경은 어두워진다. 하지만 픽셀 4는 가능하다."고 말할 정도였다. 이것이 가능한

동영상
기조연설(2018 구글
개발자회의)

동영상
구글 I/O 2019 행사
정리

동영상

A Phone Made the Google Way(구글 픽셀4)

이유는 바로 머신러닝, 즉 인공지능 때문이다. '테크크런치'는 좋은 사진을 찍기 위한 3가지 조건, 즉 '피사체' '조명' '카메라'에서 이 중 조명과 카메라는 소프트웨어로 대체되었다고 말했을 정도다. 인공지능의 '눈'이 지금보다도 더 정교해진 덕분에 이제 픽셀4로 버튼만 누르면 누구나 멋진 사진을 찍을 수 있게 되었다.

또 하나 주목할 만한 제품은 무선이어폰 '픽셀버즈2'다. 2017년 구글은 '픽셀버즈'를 선보이며 귀에 꽂고 있기만 하면 언어를 번역해 주는 통역기로서의 높은 기능을 선보인 바 있다. 그리고 2년이 지나 후속모델이 나온 것이다. 2013년에 개봉한 영화 〈Her〉의 주인공 테오도르가 인공지능 사만다와 언제 어디서라도 대화를 하기 위해 항상 이어폰을 귀에 꽂고 다닌 것처럼 우리도 그렇게 될 날이 멀지 않았다.

:: IBM

전통적인 인공지능의 강자는 구글이 아닌 IBM이다. 이미 오래 전 체스 챔피언을 꺾은 딥블루, 퀴즈쇼에서 우승한 왓슨, 가

천대 길병원은 물론 의료계에 널리 쓰이고 있는 왓슨 포 온콜로지 등 IBM의 인공지능은 꾸준히 발전을 거듭해 오고 있다.

2018년 11월 우주비행사를 돕기 위해 우주로 날아간 '사이먼'은 14개월이 지나 지구로 돌아왔다. 정확한 데이터는 내부 사정으로 공개되지 않았지만 성공적으로 임무를 수행했다는 이야기가 나오는 걸 보면 앞으로 우주비행사의 동반자 역할을 계속할 것으로 보인다.

2019년 2월 인공지능 '프로젝트 디베이트'는 '유치원에 보조금을 지급해야 하는가'라는 주제로 사람과의 토론을 했으나 완패했다. 여기서 우리는 '역시 논리와 근거를 대고 설득하는 건 사람을 못 이기는구나'라고 생각하기보다는 인공지능이 다양한 근거를 모아 제대로 판단을 내릴 수 있도록 도와주는 비서 역할을 할 정도로 성장했다는 것을 봐야 한다.

2019년 9월 인공지능 기반의 디지털 휴먼 '빈센트'가 공개됐다. 디지털 휴먼이란 실제 실물은 없지만 디지털 세상 속에서 살아 움직이는 인공지능을 말하는데, 빈센트는 아직 많이 어색하긴 하지만 사람과 닮은 얼굴을 가지고 다른 사람들과

사이먼 14개월 만에 지구로 귀환

IBM 인공지능, 인간과의 토론 대결에서 석패

한국IBM, 인공지능 기반 디지털 휴먼 '빈센트' 첫 공개

시선을 마주하며 대화도 가능했다. 여기에 홀로렌즈나 홀로그램 기술이 접목된다면 영화 〈블레이드 러너 2049〉의 인공지능 조이가 현실이 될 날도 멀지 않았다.

앞으로 디지털 휴먼은 기업의 홈페이지에서 안내를 맡거나 개개인의 스마트기기에 탑재되어 가상의 비서가 될 확률이 크다. 물론 여기에서 숙제는 사람을 흉내낸 인공지능과의 대화에 대한 거부감 극복일 것이다.

:: 인공지능 모델 에이전시

다음 두 장의 사진을 보자. 왼쪽은 이제 막 데뷔한 아이돌이고, 옆의 꼬마는 참 잘생기고 귀엽다.

진짜 사람 아닌 AI가 만든 모델 쓰는 시대 온다

그런데 이 두 사진은 인공지능이 만들어 낸 가상의 인물이다. 왼쪽 사진은 우리나라의 '딥스튜디오'가 만든 '조은현'이라는 친구로, 인스타그램 계정도 가지고 있다. 좀 더 자연스러워 보이는 오른쪽의 꼬마는 '제너레이티드 포토스'에서 만든 합성 사진이다. 이 회사는 모델 69명을 촬영해 29,000장의 사진을 얻은 후 인공지능을 통해 서로 다른 10만 개의 얼굴 사진을 만

100,000 Faces
Generated by AI
Free to Download

들었다. 현재 구글 드라이브에 이 사진들을 올려놓았는데 필요한 사람이라면 누구나 다운받아 쓸 수 있다. 이 회사의 목표는 인공지능 모델 에이전시다. 저작권의 문제도 없고 초상권의 문제도 없는 다양한 포즈를 취할 수 있는 모델이라면 분명 시장성이 있을 것 같다.

:: 네이버

"식사 예약을 하려는데요?"

"네, 언제로 예약을 도와드릴까요?"

구글에 '듀플렉스'가 있다면 네이버에는 'AI 콜'이 있다. 둘다 주인을 대신하는 인공지능 서비스인데 차이점은 뭘까? 물론 가장 큰 차이는 '언어'다. 하지만 더 큰 차이는 '역할'이다. 구글은 AI가 전화를 거는 고객의 역할을, 네이버의 AI는 주인을 대신해 전화를 받아주는 종업원의 역할을 수행한다.

구글의 듀플렉스와 네이버의 AI 콜 중 어떤 서비스가 시장에서 선택을 받게 될지는 모르는 일이지만 분명한 건 사람은

네이버, 'AI 콜' 공개

인공지능과의 관계에서 서비스를 받아야 한다고 생각하지 서비스를 해줘야 한다고 생각하지 않는다는 것이다. 전화를 받고 애써 친절하게 최선을 다해 응대했는데 마지막 순간 대화한 대상이 인공지능이라는 걸 알게 되었다고 생각해 보자. 배신감과 분노를 느끼게 되지 않을까? 이런 점에서 시장에 바로 적용될 수 있는 건 네이버의 AI 콜로 보인다.

네이버 AI 콜을 보며 놀랐던 건 완성도였다. 물론 고객이 이야기를 하면 이를 알아듣고 다시 말을 이어가는 데까지 어느 정도 버퍼링이 있었지만 이건 기술과 인터넷 속도로 해결될 수 있는 문제다.

네이버 "2020년은 글로벌 기술 플랫폼 원년"

2019년 10월 열린 '네이버 커넥트 2020'에서 나온 이야기들도 주목해야 한다. 장소를 기반으로 근처에 가볼 만한 곳을 찾아주는 네이버 플레이스, 검색 후 예약을 위한 네이버 예약, 자리에 앉아 편리하게 주문가능한 테이블 주문까지 네이버로 시작해서 네이버로 끝나는 식당의 변화를 기억하자.

'사용자 주도'라는 말도 다시 한번 생각할 필요가 있다. 2019년 시작한 네이버 모바일 앱 첫 페이지의 변화 '그린 닷'에서 그 의미를 찾을 수 있다. 네이버는 첫 화면을 '그린닷' 검색창과 바로가기 모음인 녹색버튼만 남겼다.

네이버 모바일 앱의 변화가 주는 의미는 '맞춤화'다. 왼쪽 탭은 쇼핑·페이와 관련된 맞춤상품의 제공, 오른쪽 탭은 뉴스·콘텐츠를 담았는데 네이버 뉴스에서도 사람의 손을 떼고 인공지능 방식을 적용한 게 눈에 띈다. 그린닷에 적용된 '네이버 렌즈' 역시 좀 더 정확해졌다. 스마트렌즈를 통해서는 주변을 인

새로운 네이버 모바일을
만나보세요!

검색과 바로가기가 필요할 때
그린닷을 누르세요

첫 화면은 검색 기능을 중심으로
심플하게 시작해보세요

식해 웹상의 유사한 사진을 찾아 알려준다. 쇼핑렌즈는 좀 더 정확하게 네이버 쇼핑에서 검색가능한 상품을 찾아준다. 앞으로 1~2년이 더 지나 네이버 쇼핑렌즈가 '베타'라는 딱지를 떼는 순간 어디서든 어떤 사물이든 네이버에서 찾을 수 있게 될 때 또 다른 변화가 시작될 게 분명하다.

네이버의 인공지능 브랜드인 '클로바'가 적용된 스피커 역시 빼놓을 수 없다. 2017~2018년은 각각의 기업들이 저마다의 인공지능 스피커를 만들어 경쟁하던 시기였다. 경쟁적으로 출시되던 예쁜 디자인의 프렌즈 스피커는 도라에몽을 끝으로 더 이상 나오지 않는다. 2019년은 스피커 경쟁이 끝나고 일상에서의 서비스 고도화 시기였다, 매일 아침마다 지겨울 정도로 물어보게 되는 '오늘 날씨는?'을 벗어나 더 다양한 서비스를 물어볼 수 있게 됐다.

다음 단계의 클로바는 모니터가 달린 스피커다. 아직 국내에는 출시되지 않았지만 이미 2019년 3월 일본에서 라인 클로바 데스크가 출시됐다. 여기서 관건은 메신저 '라인'의 시장 장

동영상
네이버 쇼핑렌즈 소
개 영상

라인, 日서 '클로바
데스크' 출시

악력이다. 국내는 카카오톡이 점령하다시피 했기 때문에 단순
히 모니터만 달린 스피커로는 승부를 보기 힘들다. 네이버에게
는 네이버TV와 라인이 더 많이 퍼져야 하는 이유이기도 하다.

네이버의 인공지능은 크고 화려한 영역에서만 활약하는 건
아니다. KBO 리그의 득점상황만 자동으로 편집한 'AI 득점 하
이라이트' 클립 같은 것도 제공하고 있는데, 이 서비스는 장면
의 분석·추출·편집에서 영상 업로드까지 모든 부분을 100%
인공지능이 진행한다.

한글날을 맞아 진행된 손글씨 이벤트 역시 핵심은 인공지능
이었다. 공모전을 통해 접수된 손글씨 중 109개를 선정해 이
를 인공지능이 학습해 글꼴을 제작했다. 제작된 폰트는 사이트
를 통해 무료로 공개됐으니 평소 무료폰트에 목말랐던 사람들
에게는 희소식이다.

네이버 스포츠, 'AI
득점 하이라이트' 동
영상 제공

:: 카카오

카카오 역시 인공지능을 꾸준히 업데이트하고 있다. 2019

IT는 우리의 일상을 어떻게 바꾸는가? Part 2

네이버 **클로바**

여러분과 AI가 함께 만든
새로운 **나눔손글씨 글꼴**을 소개합니다

뜻깊은 소개말이 담긴 총 109종의 손글씨 글꼴

한글과글 아름답게 정돈된과 네이버 클로바가 함께합니다

여러분과 AI가 함께
만든 새로운 나눔손
글씨 글꼴을 소개합
니다

글꼴 전체 보기　　글꼴 목록 보기

글꼴 소개말　기본 문구　　　　　　　　　　　　　　　　　　　　글꼴명 또는 미리보기를 입력해보세요 Q

나눔손글씨 가람연꽃　　　　　　　나눔손글씨 갈맷글　　　　　　　나눔손글씨 강부장님체

년 '디플로(DFLO)' 프로젝트를 발표하며 자연스럽게 대화가 가능한 인공지능시스템을 만들고 있다는 걸 보여줬다. 2019년 12월에는 인공지능 기술 개발을 담당하던 AI 랩을 카카오 엔터프라이즈로 분사시켰다. 향후 인공지능의 고도화 및 서비스를 확장하겠다는 걸로 보인다. 이를 보면 구글 듀플렉스나 네이버 AI 콜, 카카오의 디플로 모두 일상 속 인공지능이라는 하나의 목표를 향해 가고 있다.

카카오, AI '디플로'
프로젝트 발표

눈에 띄는 이슈 중 하나는 현대차와의 제휴를 통해 쏘나타에 '카카오 i'를 탑재한 일이다. 운전대에 있는 음성인식 버튼을 누르면 '뉴스' '날씨' '외국어 번역' '길안내'와 같은 정보를 검색해 주는 것에서 시작하여 '공기청정기 실행' '습기 제거' 등 차량 내부를 조절하는 일까지 가능하다. 이를 통해 라이언 공기청정기, 어피치 무드등처럼 가전제품을 넘어 전자제품 어디든지 카카오 i 인공지능을 탑재할 수 있다는 걸 보여줬다. 이

동영상
현대 신형 쏘나타 카
카오 i 체험

미 카카오는 생각보다 더 빠르게 확산될 수 있는 '하드웨어 플랫폼'을 가지고 있다.

카카오가 제일 많이 신경 쓰고 있는 부분은 '자동차'와 '집'이지만 우리 주변에서 가장 먼저 볼 수 있는 것은 식당에서의 '챗봇 주문'이다. 식당이나 카페 사업자들을 입점시켜 예약에서 주문·결제까지 이루어지게 하는 서비스인데, 이 부분은 핀테크 부분에서 좀 더 자세히 다루겠다.

인공지능 스피커 역시 꾸준히 발전하고 있다. 카카오의 가장 큰 장점은 빅데이터다. 전 국민의 스마트폰에 설치되어 있는 카카오톡에서 수집된 개인정보를 바탕으로 개인화된 맞춤형 서비스를 만들 수 있기 때문이다. 스피커가 없는 사람들도 카카오의 인공지능을 쓸 수 있도록 '헤이카카오' 앱을 출시한 것도 같은 의미에서다. 물론 네이버 역시 클로바 앱을 별도로 가지고 있기에 어느 누가 더 낫다기보다는 누가 더 생활밀착형 서비스를 더 빠르게 내놓을 수 있을 것이냐가 관건이다.

:: SKT와 KT 그리고 LGU+

카카오와 네이버의 인공지능이 좀 더 넓은 의미에서 개개인의 일상에 영향을 미친다면 '가정'을 대상으로 한 강자는 SKT와 KT, LGU+다. 세 회사 모두 '셋톱박스'를 가지고 있기 때문이다. TV와 연결된 셋톱박스를 NUGU, 기가지니 등 인공지능 스피커로 대체하여 무료에 가까울 정도로 공급하고 있어 가장 넓은 확장성을 가지고 있다. 생각해 보자. 집에 들어와 소파에 앉아 TV를 켜고 싶은데 리모컨이 보이지 않는다. 이럴 때 'TV

동영상
카카오톡 챗봇 주문
서비스 소개 영상

동영상
헤이카카오 앱 2.0
출시 "더 간편하고
스마트하게"

켜줘' 한마디만 던져도 TV가 켜진다면? 이미 이 편리함을 경험한 사람들은 다시 평범한 리모컨으로 돌아가지 않게 된다.

통신 3사 중 가장 발 빠르게 움직인 건 SKT의 NUGU다. 2016년에 시작한 NUGU 스피커는 2019년 전국의 독거노인들을 돕는 서비스로까지 발전했다. 홀로 거주하는 83세의 김모 할머니가 '아리야 살려줘'라고 외쳐 119를 호출해 구조될 수 있었던 사례도 있다. 이렇듯 앞으로의 인공지능 스피커는 새로운 제품의 개발보다 일상 최적화, 쓸모있음에 초점을 맞춰야 한다.

"아리아, 살려줘" …
AI스피커가 119 신고

'NUGU' 역시 인공지능이기에 어디에나 탑재해 쓸 수 있다. 2017년부터는 내비게이션 '티맵'에 탑재되며 음성명령은 물론 음악도 쉽게 재생할 수 있게 됐다. 물론 카카오 내비 역시 카카오 i와 연결되고, 네이버도 마찬가지지만 티맵의 월간 실사용자가 평균 1,150만 명이다. 2018년 기준 전국 자동차가 2,320만 대인 점을 감안하면 절반 이상이 쓴다는 이야기가 되니 확장성은 '티맵 × NUGU' 콤비가 더 클 수밖에 없다. 2019년 10월 열린 'NUGU 컨퍼런스 2019'에서는 누구나 앱을 플랫폼에 연결할 수 있도록 'NUGU SDK' '스마트홈 플레이 빌더'를 공개했다. 이는 이제 어느 정도의 완성도를 가지게 되었으니 다음에 필요한 건 서드 파티들의 참여를 통한 안정적인 콘텐츠 공급을 목표로 한 것으로 보인다.

바쁘게 확장하고 있는 건 KT도 마찬가지다. 신사동에 AI호텔 '안다즈'를 열었는데, 여기서는 기가지니를 통해 음성으로 객실 조명, 온도 제어, 음악 재생, 프런트에 필요한 요청을 전

KT 기가지니호텔

달할 수 있다. KT 역시 2019년 11월 '기가지니 인사이드' 플랫폼을 공개하며 소프트웨어형으로 확장할 것이라고 발표했다.

LGU+는 다른 길을 택했다. 독자적인 스피커를 만들기보다 네이버와 제휴를 통해 클로바 스피커를 제공하고 있다.

:: 삼성전자와 LG전자

삼성이 보여주는 '커넥티드 리빙'

삼성전자의 AI 브랜드는 SmartThings(스마트 싱스)다. 독일에서 열린 IFA에서 '커넥티드 리빙'을 통해 삼성의 제품들을 활용한 스마트홈이 어떻게 구성되는지를 보여줬다. 삼성 개발자콘퍼런스 2019(SDC 2019)에서는 누구나 쉽게 스마트싱스 소프트웨어를 기기에 설치할 수 있는 WASH(Works as a SmartThings Hub)를 선보였다. 2020년 상반기에는 갤럭시 홈 미니를 출시할 예정이다.

LG전자는 AI 브랜드 LG씽큐(ThinkQ)를 꾸준히 강화하고 있다. 이미 2017년부터 모든 가전제품에 와이파이를 기본으로 탑재했고, 이전 제품들은 스마트씽큐 센서를 붙이는 걸로 해결했다. LG의 장점은 협업이다. LG올레드TV 씽큐에는 구글 어시스턴트가, LG씽큐허브에는 네이버 클로바가 탑재됐다.

삼성전자와 LG전자 두 회사가 열어가는 2020 스마트홈이 기대되는 이유다.

인공지능의 시대, 우리는 무엇을 고민해야 하는가?

지난 10년간 우리에게 인공지능은 있으면 좋지만 없어도 불편하지 않은 존재였다. 하지만 이제 2020년부터는 인공지능을 사용하지 않는 게 불편하다고 현실적으로 인식하게 될 것이다. 시작은 내비게이션과 쇼핑에서부터.

장거리 운전을 하다 보면 꽤 긴 시간 동안 지루함과 싸워야 한다. 음악을 듣거나 라디오를 들으며 졸음과 싸워보지만 쉽지 않다. 이럴 때 제일 좋은 건 다른 사람과의 '대화'다. 지금도 운전 중 누군가에게 전화를 연결하거나 음악을 틀어달라고 명령을 내리는 일은 가능하지만 이걸 뛰어넘어 인공지능과 대화가 가능한 수준까지 가능해지면 운전은 즐거워지고 사고는 좀 더 줄지 않을까?

쇼핑 역시 마찬가지다. 신유통이라고 할 만큼 리테일 산업에 지각변동이 일어나고 있다. 사람의 얼굴을 인식하여 배송과 결제를 마무리짓고, 뭔가를 살까 말까 고민할 때 인공지능이 먼저 제안하는 등 일상생활과 가장 밀접한 데에서 우리는 꽤 자연스럽게 인공지능과 함께하게 될 것이다.

하지만 인공지능의 발달이 꼭 좋은 점만 있는 것은 아니다. 일자리를 뺏는 것을 넘어 영화에서 보듯 인공지능이 언젠가는 우리에게 대항하며 어쩌면 지배할지도 모른다. 우리보다 영리한 인공지능의 위협, 어떻게 대처해야 할까? 이에 대해 테슬라의 CEO인 엘런 머스크는 '뉴럴링크'를 제안했다. 뉴럴링크 프로젝트는 인공지능을 따라잡기 위해 우리 '인간지능'을 업그레이드하자는 것인데, 사람의 뇌에 칩을 심어 기억력은 물론 사고력 증진까지 가능하게 만들자는 것이다. 당연히 말도 안 되는 이야기다. 하지만 엘런 머스크는 이런 상상을 현실로 만들어 내기 때문에 이런 제안이 무섭게 느껴진다. 이렇게 생각해보자. 만약 소수의 부자들만 뉴럴링크를 이식받아 초지능을 가지게 된다면 빈부격차를 넘어선 초지능격차가 생기게 되는 건 아닐까?

'나는 절대로 저런 장치를 뇌에 심지 않겠어!'라고 생각하지만 만약 우리 아이를 제외한 다른 아이들만 뉴럴링크를 받아 단기간에 지적능력을 올릴 수 있다면? 그래서 사회생활을 함에 있어 더 나은 시작을 할 수 있다면? 생각보다도 무서운 현실이 벌어질 수 있는 것이다.

이런 고민에 앞서 필요한 게 있다. 바로 관심이다. 인공지능은 이제 우리 가까이에 와있다. 조금 더 생각하고 조금 더 고민하며 해답을 함께 찾아야 한다.

엘런 머스크 "2020년엔 인간 뇌와 컴퓨터 연결"

지금
중국은?

애플 연구개발 임원, MS 인터랙티브 서비스부문 부사장, 구글차이나 대표를 거쳐 창신공장의 CEO를 맡고 있는 리카이푸는 미국 CBS 〈60 Minutues〉와의 인터뷰에서 "중국의 인공지능 수준은 실리콘밸리와 이미 동등한 수준이다"라고 이야기했다. 근거로는 2018년 6월 기준 중국의 AI 기업 수는 상하이에만 1,000개가 넘고, 전 세계적인 인공지능 투자도 중국이 60% 이상을 하고 있다는 것이다. 그리고 많은 인구 수에 기반한 데이터의 수집을 들었다.

이처럼 중국의 인공지능에 대한 투자는 어마어마하다. 2018년 중국 정부는 5대 인공지능 플랫폼을 선정했는데, 여기에는 알리바바, 바이두, 텐센트, 센스타임과 아이플라이텍이 선정됐다.

알리바바는 AI 칩 '한광800'을 개발해 전자상거래 사이트 타

동영상
Venture capitalist

타오바오에 사용하고 있다. 이를 통해 제품 이미지 10억 장을 분류하는데 과거에는 1시간이 걸렸다면 이제는 5분밖에 걸리지 않는다.

중국 1세대 인터넷 기업인 바이두도 인공지능에 꾸준하게 투자를 하고 있다. 베이징에 있는 하이덴공원은 최초의 AI 공원으로 알려져 있는데, 이곳에서는 스마트 트랙과 자율주행셔틀 아폴로는 물론 바이두 전시관에서 안면인식을 비롯한 다양한 스마트홈 시스템을 경험할 수 있다.

알리바바가 투자한 센스타임(상탕커지)의 기술은 이미 2014년 안면인식 정확도 98.52%를 자랑한다. 실제 이 시스템은 중국 당국의 범죄수사에 쓰이고 있고, 우리가 자주 쓰는 카메라 앱 '스노우'와 'B612'에도 쓰이고 있다.

아이플라이텍(커다순페이)은 음성인식분야의 AI 기업으로, 중국 스마트폰 대부분이 이 회사의 기술을 쓴다고 알려져 있다. 이 회사는 2019년 우리나라의 한컴과 합작법인 'Accufly.AI'를 설립하기도 했다. 번역기는 놀라울 정도로 정확하게 작동한다.

동영상
밸류에이션이 가장 높은 인공지능 스타트업이 중국에서 탄생

2장

로봇,
일상에서
만나다

일상 속 로봇, 어디까지 왔나?

2019년 2월 중국의 초등학교 3학년생이 베껴쓰기 겨울방학 숙제를 하기 싫어 800위안(약 13만원)을 주고 글씨를 써주는 로봇을 사서 숙제를 대신 시켰다가 부모님에게 들켰다는 기사가 나왔다.

기사를 접한 사람들의 반응은 크게 2가지로 나뉘었다. 숙제를 대신 시켰으니 명백히 잘못이라는 것과 처음부터 이런 무의미한 숙제를 내주지 말았어야 한다는 의견이었다.

하지만 나는 기사를 보며 '와, 이 아이 천재네!'라고 생각했다. 꼬마 아이가 자신의 단순반복적인 일을 '로봇'을 사서 아웃소싱했다는 것 자체가 로봇을 연구하는 이유 중 하나이기 때문이다. 앞으로의 로봇의 역할은 이처럼 사람의 단순반복적인 일을 도와주는 것이라는 점을 기억해야 한다.

동영상
中, 쓰기 숙제 대신
해 주는 로봇 등장 …
"필체까지 똑같이"

:: 하이디라오의 서빙로봇

"지나갑니다. 비켜 주세요"

귀엽게 생긴 로봇이 눈을 꿈쩍이며 테이블 사이를 이동한다. 많은 서빙로봇들이 줄을 지어 각각 주문을 한 테이블을 찾아가는 모습은 충격적이었다. 2018년 10월 오픈한 베이징 세무천계의 하이디라오 훠궈전문점에서 본 모습이다.

2019년 1월과 3월에 하이디라오를 다시 찾았다. 처음 방문했을 때에는 너무 신기하다 보니 주변 모든 손님들이 로봇을 둘러싸고 사진을 찍느라 로봇은 쉽게 이동하지 못했다. 하지만 1월에는 손님 중 절반 정도만 신기해 했고, 3월에 방문했을 때는 로봇이 지나가도 사람들은 크게 신경 쓰지 않았다. 직원들도 서빙로봇에서 음식을 꺼내 테이블 위에 올려놓는데 익숙했다. 더 관심이 간 건 설거짓거리가 담겨 있는 로봇이었다. 아무리 자동화가 되어 있다 해도 손님이 먹고 간 자리를 누군가는 치워야 한다. 하루종일 무거운 접시를 들고 다니면 사람은 쉽게 지칠 수밖에 없는데, 그 노동을 로봇이 덜어주고 있었다.

우리는 사람과 로봇이 함께 일한다고 하면 일반적으로 공장

을 먼저 떠올린다. 그런데 공장은 왠지 멀게 느껴진다. 그래서 일반인들이 언제라도 갈 수 있는 식당이라는 장소에 로봇이 도입된다는 건 의미가 크다. 이처럼 앞으로 우리 주변에서 볼 수 있는 로봇은 너무 크지 않고 화려하지 않지만 확실히 우리 일을 줄여줄 수 있는 일상 속 로봇일 것이다.

:: 헨나호텔의 로봇, 해고되다

2018년 말, 3박 4일 일정으로 도쿄를 다녀왔다. 도쿄의 IT와 일상 속에서 볼 수 있는 로봇이 궁금했기 때문이다. 가장 궁금했던 곳은 이상한 호텔로 알려진 헨나호텔이었다. 안내 데스크에서 로봇이 안내를 한다고 해서 관심이 생겨서 갔는데, 직접 보니 실망스러웠다. 로봇의 움직임은 부자연스러웠고, 제대로 응대하지 못했다. 로봇이 있구나 정도이지 차라리 사람과 대화를 하고 싶을 정도였다.

헨나호텔이 처음 문을 열었을 때에는 로봇 도입의 성과를 극찬하며 20~30명의 일을 6~7명만 있어도 가능하다고 홍보했다. 혁신적이라는 이야기를 들었고 여기저기 성공사례로도 많이 알려졌다. 하지만 실제 업무에서는 다양한 오류가 발생했다. 체크인을 담당하는 로봇은 실수가 많았고 수화물을 운반하는 로봇은 자주 충돌했다. 방 안에서 투숙객을 돕는 로봇 '추리'(인공지능 스피커)는 한밤중에 갑자기 말을 거는 경우도 있었다. 결국 로봇 직원 중 50%는 해고되고, 대부분의 업무는 다시 사람으로 대체되었다. 이 사례는 아직 로봇에게 모든 것을 맡기기에는 시기상조임을 보여 주었다.

동영상
'로봇 호텔' 시대 현실로 '성큼'

4년 전 로봇 고용한 日 호텔, 절반 해고

하이디라오에 도입된 서빙로봇이나 헨나호텔에 도입된 안내로봇의 경우 인건비의 절감도 중요하지만 직원들의 '노동력'을 줄여주는 것이 목적이다. 앞뒤가 바뀌어서는 안 된다. 호텔에서 밤에 수건이나 필요한 물건을 시켰을 때 굳이 사람이 가져다 주지 않아도 되면 모두에게 편하다.

결국 업무에 로봇을 도입할 때에는 헨나호텔의 사례처럼 무조건적이 아니라 명확한 이유가 있어야 한다. 인건비를 줄이는 것이 목적이 될 수 있지만 초기투자비용을 생각하면 그냥 아르바이트를 쓰는 게 더 나을 수도 있다. 그 목적이 고객 편의가 아닌 운영 편의라면 언젠가 분명 문제가 생기기 쉽다. 특히 고객과 처음 만나는 접점인 카운터는 로봇보다는 사람의 응대가 필요한 곳이다. 처음 방문한 사람이라면 이것저것 물어보고 싶은 게 많기 때문이다. 로봇에게는 로봇이 잘할 수 있는 일을, 사람에게는 사람이 잘할 수 있는 일을 맡겨야 한다.

주목할 만한
로봇 기업들

: : 보스턴 다이나믹스

놀라운 운동량의 2족보행로봇 '아틀라스'를 선보였던 보스턴 다이나믹스는 아틀라스를 더 진화시켰다. 백덤블링을 하고, 계단을 박차고 오르는 걸 넘어 앞구르기와 물구나무서기까지 가능해졌다. 2013년 처음 공개한 후 불과 6년 만의 변화다. 물론 이런 동작들이 가능하다고 해서 곧 상용화된다는 이야기는 아니다. 우리 곁에서 우리를 돕기에는 아직 시간이 많이 필요하다.

보스턴 다이나믹스가 상용화를 위해 시도하고 있는 건 2족이 아닌 4족이다. 그동안 수차례 예고했던 4족보행로봇 '스팟'이 정식으로 판매되기 시작했다. 정확한 가격은 아직 정해지지 않았지만, 일정 기간 동안만 사용 권한을 가지는 '렌트' 방식인건 결정됐다. 신청은 기업들만 가능하다. 이유는 개인이 사용

동영상
More Parkour Atlas

동영상
Spot Launch

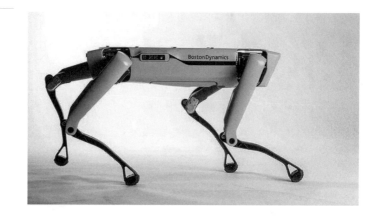

하는 것보다 공장과 빌딩 등에서 순찰·감시업무에 필요할 것으로 보기 때문이다. 과연 스팟은 경비견을 대체할 수 있을까?

:: **소프트뱅크**

일상에서 만날 수 있는 로봇이라면 소프트뱅크의 휴머노이드 로봇 '페퍼'를 빼놓을 수 없다. 2014년 페퍼가 처음 공개되었을 때 반응은 뜨거웠다. 사람의 말을 알아듣고 감정을 인식하는 로봇이 200만원 중반대 가격이라니 금방이라도 일상 속, 특히 가정에 파고들 줄 알았다. 하지만 아니었다. 같은 해 훨씬 저렴한 아마존의 에코 스피커 출시되며 인공지능 스피커에게 그 자리를 빼앗겼다. 지금은 커피숍과 호텔 로비 등 고객응대와 관련된 B2B 분야에서나 페퍼를 볼 수 있다.

中 저장성–소프트뱅크, '페퍼' 활용 로봇 교육 공식 출범

하지만 소프트뱅크는 페퍼에 대한 투자를 멈추지 않고 있다. 주된 분야 중 하나가 바로 '교육'이다. 2019년 5월에는 중국 저장성의 교육기관에 페퍼를 무상으로 제공하며 과학기술

분야의 인재 육성에 나서고 있고, 미국과 캐나다에서도 스크래치나 페퍼 전용 교육프로그램인 로보 블록스 등을 활용해 코딩교육을 하고 있다. 어릴 적부터 페퍼에 익숙해진 아이들이 성인이 되었을 때는 소프트뱅크와 페퍼에 더 익숙해지지 않을까?

'청소로봇' 분야에 뛰어든 것도 흥미롭다. 소프트뱅크 로보틱스는 2018년 11월 일본에서 상업용 청소로봇 '위즈'를 런칭했고, 이어 홍콩과 마카오로도 시장을 넓히고 있다. '위즈'는 사람이 먼저 어디를 청소해야 하는지 학습시킨 후 청소를 시작하는데 최대 600개의 청소 경로를 기억할 수 있고, 한 번 충전으로 4시간 동안 청소가 가능하다. 렌트 방식으로, 금액은 매월 3,980홍콩달러(60만원) 정도이다.

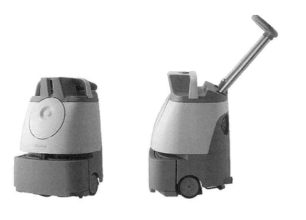

동영상
AI 청소로봇 'Whiz'

:: 아마존

아마존은 2019년 8월부터 배달로봇 '스카우트'를 이용해 소포를 배송하고 있다. 캘리포니아 어바인 지역에서 월~금요일

동영상
아마존 무인택배 배
달로봇 시범운영

낮시간에만 배송을 담당하는데 6개의 바퀴가 달려 있으며, 크기는 소형 냉장고 정도다. 주문한 고객의 집 앞에 도착하면 알람이 보내지며 고객은 인증 후 잠금을 해제하고 물건을 가져갈 수 있다. 아직까지는 테스트 단계에 있기 때문에 아마존 직원이 동행하고 있다.

:: 네이버 로봇

2019년 CES에 처음으로 참가한 네이버는 로봇 '엠비덱스'를 공개하며 엄청난 관심을 받았다. 엠비덱스는 양팔과 몸통만 있는 로봇으로, '뇌'가 없는 소위 무뇌아 로봇이다. '클라우드'를 통해 명령을 내리고, 몸은 명령을 받아야 실행이 된다. 그래서 엠비덱스의 핵심은 실시간으로 끊김없이 명령을 전달하는 '5G' 기술이다.

두 팔은 '와이어'를 이용하기 때문에 사람의 관절처럼 움직일 수 있어 다양한 자세가 가능하다. 성인 남자의 팔보다 가벼

동영상
엠비덱스(AMBIDEX)

게 만들어 사람들과 하이파이브는 물론 악수까지 할 수 있다. 하이파이브가 가능하다는 것은 사람의 손을 보고 그 손에 힘을 조절해 맞춘다는 것으로, 이는 매우 섬세한 동작이 가능하다는 이야기이다.

또 하나의 장점은 로봇의 핵심에 해당하는 '두뇌'가 클라우드에 있기 때문에 엠비덱스와 같은 로봇들을 얼마든지 저렴하게 양산할 수 있다는 점이다. 이를 통해 네이버가 궁극적으로 팔고 싶어 하는 건 하드웨어가 아닌 소프트웨어임을 알 수 있다.

2019년 10월에 열린 'DEVIEW 2019'에서는 네이버의 제2사옥을 사람과 로봇이 공존할 수 있는 '로봇 친화적인 빌딩'으로 짓겠다고 선언했다. 네이버가 가진 모든 인공지능과 로봇 관련 기술을 함께 볼 수 있는 곳이 될 것 같아 상당한 기대를 모으고 있다.

삼성과 LG 역시 바쁘다. 삼성은 CES 2019에서 어르신 돌봄을 위한 '케어봇', 공기청정기 '에어봇', 쇼핑·서빙에 특화된 '리테일봇' 등 3종의 로봇을 공개했다. LG도 서빙, 포터, 쇼핑카트 로봇으로 맞섰다.

하지만 두 회사 모두 아쉬운 건 직접 테스트할 수 있는 곳이나 상용화된 곳을 찾기 힘들다는 건데, 2020년 이후 도입되는 곳이 늘어나길 기대해야 할 것 같다.

:: 배달의 민족

우아한형제들 서빙
로봇 '딜리' … "2년
계약, 월 90만원"

로봇 분야에서도 배달의 민족을 빼놓을 수 없다. 배달의 민족은 2018년 배달로봇 '딜리'를 만들어 성공적으로 테스트를 마쳤고, 2019년에는 '딜리타워'를 시범운영하고 있다. 딜리타워는 건물 1층에 대기하고 있는 로봇에게 배달물건을 맡기면 로봇이 배달물을 가지고 스스로 엘리베이터로 이동해 목적지까지 배달하는 시스템이다. 이에 대한 상용화는 2020년으로 보는데 배달기사들의 시간을 상당히 줄여줄 것으로 보인다.

동영상
음식을 주문했는데
로봇이 왔다

서울 송파구, 배달의 민족 본사 1층입니다.

지금
중국은?

중국은 2015년 '중국제조(made in china) 2025' 정책을 발표하며 '로봇굴기'를 선언했다. 2018년에는 전 세계 산업용 로봇 설치대수의 36%를 중국이 차지하며 1위가 됐다. 맥킨지에서는 이 비율이 2025년 70%까지 오를 수 있다고 하니 전 세계 로봇시장은 중국이 장악하게 될지도 모른다. 이러한 투자에 걸맞게 중국에는 다양한 로봇회사들이 있다. 그중 대표적인 회사 두 곳을 보자.

우선 상하이에 본사를 둔 키논(Keenon)이다. 2010년 교육용 로봇을 만들며 시작한 이 회사는 2013년부터 본격적으로 서비스용 로봇을 만들었다. 앞서 이야기한 하이디라오의 서빙로봇도 키논의 제품이다. 서빙로봇은 하루 150건 300개의 식판을 서비스할 수 있는데, 이 로봇은 400여 개 도시 1,000개 이상의 업체에서 사용할 정도로 유명하다.

독일 스페이스랩, 중국 로봇 식당 사업 진출

동영상
로봇 웨이터 레스토
랑에서 사용합니다.

　또 2족보행, 4족보행의 강자 보스턴 다이너믹스에 준하는
'유니트리' 역시 지켜봐야 할 회사다. 4족보행로봇 중 가장 상
용화에 가까이 가고 있는 회사라 점쳐지기도 한 곳이다. CEO
왕싱싱은 대학 시절 개발한 '엑스도그'란 4족보행로봇의 움직
이는 모습을 촬영해 유튜브에 올렸는데 엄청난 인기를 얻었고,

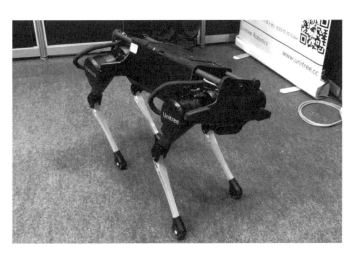

동영상
4족보행로봇 Laikago

이후 투자를 받아 2016년에 유니트리를 창업했다. 보스턴 다이나믹스의 '스팟'이 개인용으로는 팔지 않는데 비해 유니트리는 스팟미니와 비슷하게 생긴 '라이카고 프로'를 약 30만위안(5,000만원)에 팔고 있다. 주인을 따라다닐 수 있는 '팔로잉' 기능을 가지고 있는 것도 특징이다.

3장

5G,
일상을
바꾸다

5G의 시대가
시작되다

2019년 4월 3일 저녁 11시, 김연아 선수가 다른 5명과 함께 세계 최초의 5G 개통자가 됐다. 한밤중에 기습적으로 개통한 이유는 미국 버라이즌이 4월 4일로 5G 상용화 일정을 앞당긴다는 소식 때문이었다. 덕분에 5G 상용화 '세계 최초'라는 타이틀을 가지게 되었지만 여기저기서 '이렇게까지 했어야만 했나?'라는 이야기가 나오기도 했다. 하지만 반대로 생각해 보자. 만약에 최초 타이틀을 빼앗겼다면 세계 1위의 브로드밴드 강국이라는 사업상의 이점을 놓치게 되지 않았을까?

5G는 최대속도가 20Gbps에 달하는 5세대 이동통신으로, 4세대 이동통신인 LTE보다 20배 가량 빠르고 처리용량은 100배 이상 많다고 알려져 있다. 4G까지는 휴대폰과 연결하는 통신망이었다면 5G부터는 휴대폰을 넘어 모든 전자기기에 연결할 수 있는 기술이다. 현재 우리나라가 조금 빨리 앞서 있고,

동영상
세계 첫 5G 스마트폰
개통

숫자로 보는 5G

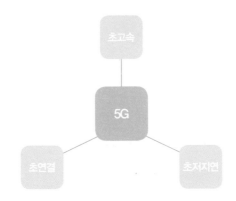

미국·중국·일본이 바짝 뒤를 잇고 있다. 5G의 가장 큰 특징은 초고속, 초저지연, 초연결을 통해 4차산업혁명의 핵심기술인 가상현실, 사물인터넷, 자율주행 등을 실현할 수 있다. 그럼, 각각에 대해 조금 더 자세하게 알아보자.

:: 초고속

주변에 5G를 쓰면 뭐가 좋은지 물어보면 하나같이 답한다. "속도가 빨라요" 아니 좀 더 정확하게는 "속도가 빠르데요"라고 말한다. 그리고 웃는다. 아직 5G 망이 제대로 깔려 있지 않아 제대로 속도를 느껴본 사람이 없다 보니 빠르다고만 알고 있기 때문이다. 그렇다면 5G 망이 제대로 깔리게 되면 어느 정도로 빨라지는 걸까?

5G라 쓰고, 초능력 시대라 읽는다!

SKT에서 공개한 자료에 따르면 800MB의 영화 한 편을 다운받는다고 가정했을 때 3G 시절에는 7분이 걸렸다. LTE 초창기에는 1분 25초, 3세대 LTE는 22초가 걸린다. 그런데 5G

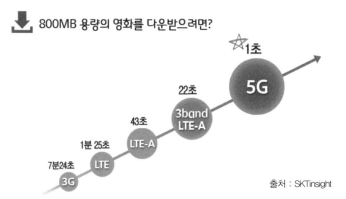

800MB 용량의 영화를 다운받으려면?

7분24초 **3G**
1분 25초 **LTE**
43초 **LTE-A**
22초 **3band LTE-A**
1초 **5G**

출처 : SKTinsight

막오른 5G시대...'지금도 빠른데' 뭐가 달라지나

의 시대가 되면 1초면 끝난다. 정말 빠르다. 그런데 문제는 별로 감동이 오지 않는다는 것이다. LTE의 22초도 충분히 빠르기 때문이다. 이러다 보니 5G의 세 가지 특징 중 '초고속'은 일반 사용자들에게 크게 와닿지 않는다. 어차피 속도는 계속 빨라지게 되어있다.

:: 초저지연(안정성)

5G의 핵심은 '안정성'이다. 속도는 어느 정도 빨라지고 나면 더 이상 피부에 와닿지 않는다. 5G의 안정성을 다른 말로 초저지연이라 한다. 이렇게 생각해 보자. 사람 많은 출근길 지하철에서는 와이파이를 통한 인터넷 접속이 불안정하다. 그래서 영상을 보거나 게임을 하는 사람들은 와이파이를 끄고 데이터로 접속한다. 안정성 때문이다. 그럼에도 불구하고 가끔 접속이 끊기거나 느려질 때가 있다. 이럴 때 우리는 '렉 걸렸다'고 표현하는데 여기에서의 '렉'이 바로 '레이턴시(지연)'란 뜻이다.

초저지연이란 언제 어디서나 끊김없이 연결됨을 말한다. 이를 실제로 보여주기 위해 2019년 7월에는 한국·미국·일본·중국·네덜란드 5개국에서 각각 연주한 영상이 실시간으로 통합되어 생중계되기도 했다. 통신사들이 5G를 이야기하며 끊임없이 홀로그램, VR, AR을 강조하는 이유가 바로 끊김없는 연결이란 특징 때문이다.

:: 초연결(대량연결)

초연결시대 '연결'의 힘

마지막으로 '대량연결'이다. IoT(사물인터넷) 시대가 되면 모든 사물들이 끊김없이 연결되어야 한다. 4G LTE를 3차선 고속도로라고 생각해 보자. LTE 시대에는 3차선으로도 충분히 어디로든 편하게 달릴 수 있었다. 그런데 사물인터넷 시대에는 지금보다 더 많은 차량들이 도로에 뛰어들게 된다. 자동차가 많아지면 정체를 막기 위해 더 넓은 길이 필요한 것처럼 5G 시대에는 사물과 사물을 연결하고 더 많은 데이터를 주고받기 위해 더 넓은 길을 필요로 한다. 그래서 5G 시대에는 7차선 도

IT는 우리의 일상을 어떻게 바꾸는가? Part 2

로를 개통하여 더 많은 사물들을 연결한다. 5G를 4차산업혁명의 시대의 핵심기술이라 부르는 이유이다.

이동사 VR기기 출시 경쟁 '후끈'

　5G가 되면 더 빨라지고 더 많이 연결되며 끊기지 않는다는 걸 알게 됐다. 그런데 이런 변화는 눈에 쉽게 띄지 않는다. 그럼 '아, 이게 5G가 되어 달라진 거구나'라고 생각할 수 있게 되는 직접적인 변화는 어떤 산업에서부터일까? 가상을 넘어선 진짜 같은 가짜, 실감의 시대에 접어들기 위해 5G를 직접적으로 체험해 볼 수 있는 VR(가상현실) 산업에서부터이다.

5G가 여는
AR과 VR의 미래

:: 구글과 애플이 꿈꾸는 AR의 미래

"상어를 무대 위로
데려와 볼까요?"

2019년 구글 연례개발자회의에 '상어'가 등장했다. 물론 진짜는 아니다. 구글 앱에서 '상어'를 검색한 결과를 증강현실(AR)로 구현한 결과다.

우리도 한 번 해보자. 스마트폰에서 구글 사이트에 들어가 '고양이'라고 검색해 보자. 아이폰에서도 '사파리' 앱에서 구글 사이트에 접속하면 된다. 검색 결과에서 중간에 있는 '3D로 보기'를 터치하여 주변 바닥을 비추면 현실세계에 가상의 고양이를 불러올 수 있다. 여기서 놀라운 건 두 가지인데, 폰을 가까이 고양이에 가져가 보면 콧구멍까지 볼 수 있을 정도로 선명하다는 것과 별도의 앱을 설치할 필요없이 그냥 '구글'에서 검색만 하면 고양이·상어·호랑이 등 다양한 동물을 실제와 가까운 크기로 볼 수 있다는 점이다.

　도대체 구글은 무엇을 생각하고 있는 걸까? '이건 그냥 재미있는 거잖아'라고 생각할 수도 있다. 그렇다면 구글 번역 앱을 설치한 후 '카메라' 기능을 활성화해서 외국어에 비춰보자. 해당 부분이 즉시 한국어로 번역되는 걸 볼 수 있다. 아직은 약간 어색하지만 시간이 갈수록 정교해지고 있다.

　폰을 활용한 AR은 애플도 상당히 신경을 쓰는 분야다. 이미 앱스토어에서 'AR'이라고 검색하면 상당히 많은 앱을 볼 수 있다. 특히 증강현실과 관련된 앱들을 별도로 모아놓고 어떻게 사용하면 좋을지 알려주고 있다.

애플 증강현실(AR)

　사람들이 애플에 많은 기대를 하고 있는 것은 AR 글래스다. 미국의 디인포메이션에 따르면 애플은 2022년에 AR 헤드셋, 2023년에 AR 글래스를 내놓는다고 한다. 기존에 발표했던 2020년에 비해서는 늦어졌지만 출시는 확실해졌다. 과연 애플은 어떤 안경을 선보일까? 애플 워치처럼 이번에도 애플은

애플 AR 글래스
루머 라운드업

'혁신적인 글래스를 만들었다'가 아니라 '꽤 예쁜 안경을 하나 만들었는데 스마트하고 놀라운 기능이 있다'고 소개하지 않을까? 침체되어 있는 글래스 시장이 확대되기를 기대해 본다.

: : 국내 통신 3사가 꿈꾸는 5G의 세상

5G가 바꾸어갈 세상에 대해 통신 3사는 홀로그램, VR, AR 광고를 꾸준하게 선보이고 있다. KT의 5G 버스는 광화문에서 강남까지 VR을 끊김없이 체험하며 달리게 했고, 광화문에는 체험공간을 만들었다. LGU+는 강남 한복판에 '일상로 5G 길'을 만들어 체험할 수 있게 했는데, 이곳 역시 AR과 VR로 채워져 있었다. SKT는 올림픽공원과 여의도공원에 '점프 AR 동물원'을 열어 점프 AR 앱을 실행시키면 자이언트 캣, 자이언트 비룡 등을 볼 수 있게 만들었다.

그런데 5G의 세상에서 보여줄 수 있는 게 AR과 VR밖에 없는 걸까? 아쉽게도 당분간은 그렇다. 5G의 핵심은 끊김없는 빠른 연결인데, 이를 가장 잘 보여줄 수 있는 게 많은 데이터를 활용하게 되는 AR과 VR이다 보니 앞으로도 더 활성화될 수밖에 없다. 일단 사람들이 써보면서 재미를 느껴야 더 좋은 경험도 얻고 활용도 하게 되기 때문이다.

LGU+가 진행한 AR 쇼핑과 스마트홈트는 일상에 밀접한 서비스다. AR 쇼핑은 방송 중인 홈쇼핑 화면을 U+AR쇼핑 앱으로 비추면 TV 옆에 해당 상품이 나와 상품에 대한 자세한 정보를 찾아볼 수 있다. 또 카카오VX와 협력해 200편 이상의 헬스 콘텐츠를 제공하는 스마트홈트를 통해 집에서 편안하게 자

동영상
KT 5G 버스에 직접 탑승해 보았습니다!

동영상
인싸들의 핫플, LG유플러스 일상로5G길 체험

동영상
SKT 5GX AR 동물원 메이킹 스토리

실제로 물건을 보며 쇼핑하듯
실감나는 AR쇼핑을 만나보세요.
나·AR쇼핑으로 생방송 중인 홈쇼핑 화면을 비추면,
방송 중인 상품을 입체적으로 볼 수 있어요

상품을 실제로 보는 것처럼
자세하게!
방송중인 상품을 360도 영상으로 돌려볼 수 있습니다

상품 크기를 비교하고,
우리 집에 배치!
사이즈별로 상품을 비교해보고
원하는 공간에 배치해볼 수 있습니다

동영상
신개념 쇼핑방법, AR
쇼핑 [U+]

세교정을 받으면서 운동을 할 수 있다. '닌텐도 위'의 요가에서
제공하던 기능들이 확장된 거라고 보면 된다.

:: 일상 속 작은 회사들의 움직임

작은 기업들 중에서는 '와비파커'와 '라운즈'에 주목할 필요
가 있다.

아마존과 싸워 이기는 기업으로 유명한 '와비파커'는 맞춤
형 안경을 파는 회사다. 점포는 물론 비효율적인 비용들을 줄
여 기존 안경 가격의 1/3 수준인 95달러에 제공한다. 일단 먼
저 써보게 하는 '홈 트라이온'이라는 서비스가 특징이다. 소비
자들에게 5개의 안경테를 보내주고, 이 중에서 마음에 드는 안
경을 고르고 반송하면 렌즈를 끼워서 보내준다. 여기에 들어가
는 배송비용은 모두 와비파커에서 부담한다. 이런 와비파커가
최근 'AR'을 도입했는데, 소비자들의 반응은 꽤 좋았다.

국내에는 '라운즈'가 있다. 라운즈 역시 앱에서 AR을 이용해
마음에 드는 테를 고를 수 있다. 실제 안경을 착용한 것처럼 만

와비파커 모델을 뒤
집어 잘나가는 국내
안경쇼핑몰 '라운즈'

동영상
와비파커

동영상
세상에 없던 안경쇼
핑, 라운즈

족스러웠다. 신발의 경우도 이 신발이 나에게 어울릴까를 고민
하게 되는데 직접 신어보지 않아도 된다면 'Wanna Kicks'를
사용해 보자. 번거롭게 신발을 갈아신지 않아도 지금 입고 있
는 바지와 어울리는지 확인할 수 있다.

　이처럼 재미를 넘어 제품을 제대로 표현할 수 있다면 좀 더
다양하게 AR을 활용할 수 있게 될 것이다.

동영상
Wanna Kicks

:: 본격적으로 열리는 VR의 시대

가상현실은 죽지 않는다

VR(가상현실)은 게임에서 시작해 게임으로 끝난다. VR이 게임 외에 더 다양한 곳에서 쓰이기 위해서는 '적절한 콘텐츠' '가성비 좋은 디바이스' 그리고 '끊김없는 연결망'의 3가지가 필요하다. 아직 VR과 관련된 산업이 엔터테인먼트에서 벗어나지 못하는 이유이기도 하다.

2019년은 가상현실과 관련해 규모가 큰 사업들이 시작된 해다. 현대T&E는 강남에 반다이와 함께 VR스테이션을 개장했고, 레노버는 신도림 디큐브 시티에, KT와 GS는 VR테마파크 브라이트를 홍대와 건대에 각각 열었다. 뿐만 아니라 백화점이나 쇼핑몰에도 한두 대만 놓여있던 VR 기기들이 좀 더 큰 규모로 자리잡기 시작했다.

하지만 가격이 싸지 않다 보니 대중화되기에 시간이 걸리는

상황이다. 운영업체들은 투자 대비 수익성이 고민이고, 소비자 입장에서는 할인을 해준다지만 여전히 가격이 부담스럽다. 다만 만족도는 상당한 편이다. '애들이나 하는 것'에서 어른들이 경험해도 놀라운 것으로 바뀌었으니 대중화가 무르익고 있는 것 같다.

지금까지 VR을 이야기할 때 항상 빠지지 않고 등장하는 것이 '콘텐츠'였는데, 이제 콘텐츠는 차고 넘칠 정도로 많아졌다. 문제는 디바이스다. 가성비 좋은 디바이스가 있어야 VR 시장은 더 커지게 된다. 애니팡이 대박을 칠 수 있었던 이유도 많은 사람들이 스마트폰과 카카오톡을 가지고 있었기 때문이다. 최근 들어 개인용 VR 기기들도 변화를 계속하고 있다. 이 중 가장 앞서 있고, 가장 합리적인 가격이며 많은 사람들을 기다리게 만든 건 페이스북의 자회사인 오큘러스의 '오큘러스 퀘스트'다. 오큘러스 퀘스트의 특징은 컨트롤러와 센서. 2개의 컨트롤러는 다양한 역할을 수행할 수 있고, 6개의 센서는 앉았다가 서서 움직이더라도 VR 세계 속에 그대로 빠져있게 만들

동영상
VR 오큘러스퀘스트
Oculus questVR

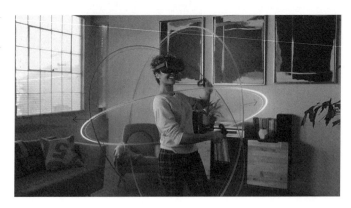

IT는 우리의 일상을 어떻게 바꾸는가? Part 2

었다. 가격은 50만원대로, 이 가격에 즐길 수 있는 VR로는 최고 수준이다.

VR 활용의 또 하나의 가능성을 보여준 건 2019년 개봉한 디즈니의 실사영화 〈라이언킹〉이었다. 방대한 밀림이 배경인데, 실제 만들어진 곳은 '버추얼 프로덕션'이라고 하는 컴퓨터와 촬영장비가 가득한 창고형 빌딩이었다. 제작진과 배우들은 VR 기기를 쓰고 가상의 공간에서 감독은 장소를 고르고, 조명연출을 위해 태양의 위치를 조절했다. 이처럼 영화뿐 아니라 우리가 보는 모든 콘텐츠를 만드는 방법이 바뀌고 있다.

저렴해진 콘텐츠 제작비용, 디바이스의 대중화, 여기에 5G의 속도가 더해지며 이제 VR 시장은 다시 한번 아이디어 전쟁터가 되고 있다.

동영상
The Lion King(The Making)

지금
중국은?

5G 그리고 AR과 VR 시장에서 중국은 얼마나 발전해 있을까?

:: 5G의 선두주자, 화웨이

화웨이는 2019년 내내 일반인 누구라도 알게 될 정도로 많이 언급됐다. 이 정도면 화웨이를 열심히 언급한 트럼프 대통령이 홍보모델이 아닌가 싶을 정도다. 이 회사가 미중전쟁의 중심이 된 데는 여러 이유가 있겠지만 IT 관점에서만 보면 '5G 통신장비' 때문이다. 트럼프가 우려를 표한 부분은 화웨이의 통신장비를 사용할 경우 중요한 정보가 중국으로 새어나갈 수 있다는 것이다. 충분히 가능한 이야기다. 우리나라 역시 LGU+는 물론 KT와 SKT도 화웨이의 장비를 일부 도입하고 있다.

화웨이는 이동통신 장비업체 세계 1위의 회사다. 그래서 화

웨이 제품이 '도청'과 '감청'에 쓰인다면 그 두려움은 클 수
밖에 없다. 화웨이는 또 휴대폰을 비롯한 일반 가전시장에서
도 최고 수준인데, 스마트폰 판매는 전 세계 2~3위 수준이다.
2019년 11월에는 폴더블폰 '메이트 X'를 출시했다. 이 제품은
삼성의 갤럭시 폴드와 달리 바깥 방향으로 접는 방식이다. 최
근에는 VR 고글을 만들기도 했다.

인폴딩 갤럭시폴드
냐 아웃폴딩 메이트
X냐

　화웨이는 '화웨이 늑대문화'라는 독특한 기업문화가 있는
데, 화웨이 장비에 문제가 생겼을 때 전화하면 일단 엔지니어
들이 바로 비행기를 탄다는 걸로 유명하다. 화웨이는 아직 상
장을 하지 않았는데, 창업자 런청페이의 지분이 1.4%, 나머지
98.6%는 직원들 소유로 되어 있어 국영기업이 아니냐는 의심
을 받기도 한다.

　이런 화웨이가 미중전쟁의 중심에 서며 가장 곤혹스러웠던
건 반도체 도면을 기획하는 ARM과 스마트폰의 핵심OS를 제
공하는 구글의 제재였다. ARM과 거래가 끊기게 되면 앞으로
핵심장비에 들어가는 칩셋 개발이 어려워지고, 구글의 제재를
받으면 앞으로 출시되는 스마트폰에는 안드로이드 OS를 장착
하지 못한다. 그래서 2019년 10월 발표한 화웨이의 새로운 스
마트폰에는 안드로이드 정식 버전이 아닌 오픈소스가 탑재되
었는데, 과연 소비자들이 선택할지에 대해서는 의문이다.

　이처럼 전 세계 1위 업체라 해도 자체 기술을 가지고 있지
않다면 경제전쟁에서 위험에 빠질 수 있다. 우리나라 기업들도
언제든지 생길 수 있는 위협이니 항상 대응할 준비가 되어 있
어야 한다.

:: 중국의 가상현실 투자

중국도 5G와 가상현실에 많은 투자를 하고 있다. 2020년에서 2025년까지 약 9,000억위안에서 1조 5,000억위안을 5G에 투자할 것이란 이야기가 중국 정보통신연구원을 통해 나왔다. 중국의 온라인 구직사이트인 자오핀닷컴에 따르면 관련 일자리도 전년도 대비 800% 이상, 평균 월급도 44% 가량 올랐다 하니 대세로 잡은 건 분명해 보인다.

2019년 10월에는 '2019 세계 VR 산업대회'가 난창시에서 열렸다. 여기서 중국 녹지그룹은 난창시에 VR타운 건설 프로젝트를 발표했다. 2021년에 완공되고 나면 화웨이와 알리바바의 혁신센터들이 들어서게 된다.

중국은 우리나라의 삼성이나 LG처럼 어떤 특정한 업체가 사업을 독주하거나 이끌고 있지 않다. 다만 인상적인 것은 B.A.T라 불리는 인터넷 1세대 기업들이 모두 VR 사업에 투자하고 있다는 것이다. 바이두는 동영상 서비스 아이치이에 iVR+를 추가

동영상
화웨이 VR Glass

하며 문화유적지를 AR로 재현하는 서비스를 선보였다. 알리바바는 이미 2016년 Buy+라는 VR로 상품을 사용하고 구매도 할 수 있는 기술을 선보였다. 텐센트 역시 2016년 텐센트 VR 게임 채널을 출시하는 한편 영화도 제작했다. 화웨이는 2019년 10월 가상현실 고글인 VR 글라스를 발표했다. 고글이라고 하는 이유는 그만큼 가볍고 자연스럽게 만들었기 때문이다. 샤오미 역시 이미 2018년 오큘러스와 함께 오큘러스 고는 물론 독립형 VR 기기를 시장에 선보인 바 있다.

VR·AR 204억$ 투자 … IT공룡 '쩐의 전쟁'

4장

핀테크,
간편한 일상을
열다

간편송금 &
간편결제

: : 핀테크의 핵심은 속도

"입금이 끝나면 방에서 나가시면 됩니다."

저녁 술자리 문화가 바뀌고 있다. 계산은 한 명이 하지만 그 사람이 쏘는 건 아니다. 12만원이 나왔다 가정해 보자. 한 사람에게는 부담이지만 6명이 함께했다면 1인당 2만원씩만 부담하면 된다. 술자리에서 단체 사진을 찍고, 다음날 단톡방을 만들어 그 사람들을 초대한다. 계좌번호를 몰라도 된다. 연락처만 알고 있다면 '토스'나 '카카오페이'로 송금하면 된다. 이런 간편함 덕분에 토스와 카카오페이를 통한 간편송금 점유율은 95%를 넘었다.

이처럼 핀테크는 조금씩 천천히, 하지만 확실하게 우리의 일상을 바꾸고 있다. 물론 기존 은행의 앱들도 간편송금이 가능하다. 다만 그 은행의 간편송금을 위한 별도의 앱을 설치해야

'간편송금 서비스' 3배 성장 … 토스·카카오페이 '독점'

동영상
카카오페이 VS 토스
간편송금 어떤 게 더
편할까?

하고, 돈을 보내기 위해 은행 앱에 로그인한 후 계좌번호와 받는 사람의 이름, 금액을 넣고 다시 비밀번호나 OTP를 입력해야 한다. 불편하고 느리다. 카카오페이와 토스를 경험해 본 사람들은 이런 느림을 원하지 않는다. 지금까지 은행이라는 안전성 때문에 느리고 불편함을 참던 고객들도 이제는 안전함에 더해 얼마나 더 빠르게 고객의 시간을 줄여줄 것인가를 중요시하게 된 것이다. 결국 핀테크의 핵심은 '속도'와 '시간'이다.

:: 간편결제, 페이가 만들어 가는 세상

오프라인에서 신용카드와 현금 없이 결제하는 시장을 이끈 건 페이 서비스다. 삼성 폰은 삼성페이 앱에 각종 금융서비스를 연결시켜 놓으면 편리하게 이용할 수 있다. 아이폰에서는 삼성페이를 이용할 수 없지만 카카오페이, 네이버페이, 페이코는 물론 기존 은행 앱을 통해 현금 없이 즉시결제가 가능하니 문제가 되지 않는다.

오프라인에서의 간편결제 전쟁은 이제 테이블 위로 이어졌다. 먼저 포문을 연 건 카카오의 챗봇 주문 서비스다. 스타벅스의 사이렌 오더를 생각하면 이해하기 쉽다. 사무실이나 집 근처 커피숍을 가기 전에 카카오톡에서 미리 주문과 결제를 한 후 커피를 가지러 가면 된다. 테이블에 앉아서 주문을 해도 된다. 강남의 커피숍에서는 사진처럼 테이블 위에 놓인 QR코드를 쉽게 발견할 수 있다. 줄을 서서 기다리지 않아도 되고 빨리 주문하길 원하는 점원의 눈치도, 뒷사람들의 눈총을 받을 필요도 없다. 결제는 카카오페이로 하면 되고, 쿠폰 적립 역시 카카

오톡에서 알아서 해준다.

네이버 역시 '네이버 테이블주문'으로 공략에 나섰다. 식당과 커피숍에서 사람들이 제일 싫어하는 것은 아무래도 줄을 서는 것과 불러도 대답 없는 직원들 아닐까? 네이버의 테이블주문은 테이블 위에 있는 QR코드를 인식하면 바로 메뉴판이 뜬다. 추천메뉴도 표시되고 리뷰도 볼 수 있다. 결제는 네이버페이로 하면 되고, 주문을 바꾸는 것도 가능하다. 특히 기존 네이버에서 서비스하던 '네이버 스마트 어라운드'가 '베타'를 떼고 정식으로 서비스하기 시작한 건 '테이블주문'을 고려했음이 틀림없다. '뭘 먹을까?'에 대한 검색과 리뷰를 통해 식당 찾기에서부터 주문과 결제 편의성까지 네이버는 시작과 끝에 있다. 물론 이런 서비스들이 익숙해지기까지는 분명 시간이 걸린다. 하지만 사용자 입장에서는 한 번이라도 써보고 장점을 발견하게 되면, 또 귀찮고 번거로운 시간을 절약하게 되면 계속

해서 사용하게 될 수밖에 없다.

그럼, 카카오와 네이버가 얻는 건 뭘까? 수수료수익은 나중 문제로 본다면 당장은 빅데이터를 얻을 수 있다. 어디를 자주 가는지, 무엇을 먹는지, 결제는 어떤 카드로 하는지, 시간대 별·나이대별 정보를 얻을 수 있다. 이렇게 정보가 모이면 가맹 점주에게 시간대별·요일별로 잘 나가는 음식을 알려줄 수 있 고, 주인 입장에서는 정확한 데이터에 기반해 재료를 준비할

동영상
바쁜 시간 사장님의 일손은 덜고, 고객 만족도는 높이는 네이버 테이블주문!

수 있고 가게의 '손님'을 늘릴 수 있다. 생각해 보자. 단골손님이 많으면 좋겠지만 어쩌다 잠시 들린 손님이 현금으로 결제하고 사라진다면 어떤 데이터도 남길 수 없다. 그런데 카카오를 통해 플러스친구로 연결된다면 고객에게 할인쿠폰을 뿌리거나 이벤트 정보를 전달할 수 있는 '우리 고객'을 만들 수 있게 된다.

카카오와 네이버, 누가 테이블 전쟁의 승자가 될지는 모른다. 하지만 한 번의 거래로 끝나는 게 아니라 지속적인 마케팅 수단을 만드는 전략을 준비할 때다.

페이의 세상이
열리다

치과의사 관두고 '토
스' 창업 … 기업가치
1조원 예상

동영상
토스 Toss 카드 개봉
기

동영상
금융 앱 '토스'는 왜
맨날 퀴즈를 낼까?

:: **토스**

2015년 간편송금으로 시작한 토스는 해마다 엄청난 성장을
거듭해 왔다. 지금은 송금뿐만 아니라 해외주식투자에서 보험
에 이르기까지 여러 분야로 사업을 확장하고 있다.

2019년은 토스에게 다양한 도전의 해였다. 그중 하나가 '토
스카드'다. 토스에서 만든 실물카드인데, 실제 카드를 수령한
사람들의 반응은 '예쁘다'에서 '장난감 같다'까지 제각각이었
다. 토스카드는 초기에 오프라인 매장에서 10% 랜덤 캐쉬백
이라는 어마어마한 이벤트를 하며 많은 가입자를 모을 수 있
었다.

두 번째 도전은 '토스 퀴즈'였다. 언제부턴가 단톡방에 토스
퀴즈와 정답이 공유되기 시작했다. 귀찮을 정도로 많았는데 왜
이런 이벤트를 한 걸까? 간단하다. 카카오톡은 하루에도 수십

번 실행하지만 토스는 송금할 때가 아니면 들어갈 일이 별로 없다. 그래서 토스에서 새로운 서비스를 내놓더라도 사용자들은 모를 수밖에 없다. '토스 퀴즈'와 '송금지원금'은 이런 이유 때문에 만들어진 서비스다.

마지막으로 인터넷전문은행에 다시 도전했다. 2019년 상반기에는 탈락했으나 하반기에는 하나은행, 한화투자증권 등과 함께 예비인가 신청을 했다. 항상 새로운 변화를 보여주고 있는 토스의 인터넷전문은행이 어떤 다른 서비스를 보여줄지 기대된다.

토스의 인터넷은행 투트랙 전략

:: 삼성페이

삼성 폰을 쓰는 사람들은 삼성페이에 익숙하다. 애플페이가 실행되지 않는 국내에서 아이폰 유저들이 가장 부러워하는 기능이다. 그런데 애플과는 달리 삼성페이는 카드사나 고객에게 따로 결제수수료를 받지 않는다(애플페이는 카드사에서 수수료를 받고 있다). 그렇다면 삼성전자는 왜 돈도 안 벌리는 삼성페이를 서비스하고 있을까? 한 번 써보면 편하기에 다른 폰을 쓸 수 없게 만드는 락인효과 때문이다. 또한 삼성폰이 팔림과 동시에 삼성페이 서비스도 증가하니 삼성은 돈보다도 중요한 빅데이터를 열심히 모을 수 있다. 게다가 오프라인 결제, 온라인 결제, 멤버십, 교통카드, ATM 출금까지 가능하니 국내에서의 사용만큼은 완벽하다. 덕분에 2019년 기준 국내 누적 결제금액은 40조원에 달하고, 가입자는 1,400만 명을 돌파했다.

하지만 카카오페이와 네이버페이의 오프라인 진출 속도가

삼성페이 '모든 수수료 0원'

삼성페이 글로벌 진격 … 美서 해외송금 서비스

카카오페이, 4명 중 3명이 쓴다

가속화되고 있는 만큼 이 '편의성'이란 장점을 언제 넘겨주게 될지 모른다. 해외에서의 사용이 쉽지 않은 것도 아쉽다. 앱카드협의체가 제정한 '한국시장용 규격' 때문이라고 하는데, 경쟁력 강화를 위해 빠르게 해결되어야 할 부분이다.

:: 카카오페이

2014년부터 시작된 카카오페이의 성장은 무섭다. 당연히 그 성장의 배경에는 카카오톡이 있다. 별도의 앱을 설치하지 않아도 되는 심플함은 지난 5년간 사용자들의 일상에 깊게 파고들었다.

사람들이 카카오페이에 익숙해지게 된 건 '선물하기' 기능 때문이다. 카카오톡 안에서 쉽게 선물을 고를 수 있고, 상대방의 주소를 몰라도 선물을 보낼 수 있는 건 정말 큰 장점이었다. 이렇게 시작된 카카오페이의 경험은 '송금'으로 이어졌다. 계좌번호를 몰라도 돈을 보낼 수 있는 편리함은 경험해 봐야 알 수 있다. 여기에 더해 놓치기 쉬운 각종 공과금을 낼 수 있는 기능 역시 사랑받고 있다. 카톡으로 알림을 주기적으로 알려주고, 납부할 날짜가 다가올 때 '납부하기'를 터치하면 카카오페이와 연동된 카드로 바로 납부할 수 있다.

오프라인 매장에서의 카카오페이 결제도 점점 늘어가고 있다. QR코드만 인식하면 바로 결제가 되니 편하다. 다만 아직 결제해 본 사람이 많지 않다 보니 사용처를 늘리는 경험을 주기 위해 다양한 행사들을 진행하고 있다. 스타벅스 결제시 이모티콘을 주는 행사도 그중 하나였다. 강남역에 있는 카카오

동영상
카카오프렌즈×스타
벅스×카카오페이
이모티콘 프로모션

프렌즈샵도 좋은 홍보처다. 물건을 구매한 후 신용카드와 현금으로도 결제가 가능하지만 카카오페이로 결제하면 10%를 할인받을 수 있다. 할인폭이 10%나 되는데 사용하지 않을 사람이 있을까?

2019년 하반기, 카카오는 '콘' 캐릭터를 활용한 새로운 적립 방식을 선보였다. 가입을 하면 10콘을 주고, 멜론을 비롯해 다양한 계정을 통합하면 다시 10콘을 준다. 아직 활용처는 많지 않지만 카카오의 발표에 따르면 이걸 통해 이모티콘을 구매하거나 멜론에서 음악을 듣는데 쓸 수 있게 하려는 것 같다. 앞으로 카카오페이를 쓸 때마다 혹은 카카오T로 택시를 탈 때마다 적립을 해주거나 카카오에서 제공하는 다양한 서비스를 이용하는데 쓸 수 있다면 충분히 매력적인 서비스가 될 것 같다.

우리가 잘 몰랐던 '유용한' 카톡 서비스들

:: 네이버페이

챗을 기반으로 카카오페이가 성장했다면, 한쪽에는 인터넷 전자상거래에서 확산된 네이버페이가 있다. 네이버의 움직임은 언제나 그렇듯 크고 확실하며 소리 없이 움직인다. 군이 비유하자면 거대한 코끼리가 살금살금 걷는 것과 같다고나 할까? 어느 순간 소비자들은 '네이버에 이런 서비스도 있었어?'라며 사용하게 된다.

네이버페이 역시 카카오페이와 마찬가지로 오프라인에서 사용이 가능하다. 다만 활용처도, 사용하는 사람도, 알고 있는 사람도 많지 않은 게 단점이다. 네이버페이는 제로페이와도 연동되기에 제로페이가 되는 모든 곳에서 사용이 가능하다는 장점을 가지고 있다. 편의점에서 사용시에는 2%를 적립해 주고, 5만원 이상 충전하면 2%를 적립해 주는 이벤트를 벌이는 등 활발하게 서비스를 확장하고 있다.

2019년 11월 네이버페이가 분사해 네이버파이낸셜이 됐다. 이는 결제·송금은 물론 향후 보험·대출 등의 서비스까지 가능하게 됨을 뜻한다. 예금과 적금이라는 은행의 일부 업무를 하지 못하는 것만 빼면 카카오페이와 카카오뱅크의 관계와 비슷해진다. 2020년에는 CMA 형태로 네이버 통장의 출시를 준비하고 있는 등 굳이 은행 업무를 하지 않아도 그에 준하는 다양한 금융서비스를 이미 하고 있기 때문에 네이버는 인터넷 전문은행에 대한 생각이 없어 보인다.

네이버에서 구글까지 … 은행권, 초경쟁 시대 돌입

:: 제로페이

제로페이는 서울뿐 아니라 전국에서 사용이 가능해지며 활성화되고 있다. 한국간편결제진흥원에 따르면 누적결제액은 470억원 가량으로 성장했는데, 이는 가맹점 확보와 활성화를 위해 다양한 노력을 기울인 덕분으로 보인다. 제로페이의 장점은 범용성이다. 주거래은행의 앱에서 제로페이 사용을 신청하면 쉽게 오프라인에서 결제할 수 있다. 이외에 간편결제 앱에서도 결제가 가능하다. 예를 들어 네이버에 들어가 네이버페이를 활성화시킨 후 제로페이 바코드를 인식시키면 등록된 은행 계좌에서 돈이 빠져 나간다.

제로페이 사용법, 아직도 모르신다구요?

제로페이의 가장 큰 공은 간편결제를 위해 전국망을 구축했다는 데 있다. 만약 일반 사기업이 전국망을 구축했다면 꽤 많은 비용이 투자되었을 일이다. 다만 제로페이를 위한 별도의 간편결제 앱이 하나 있으면 더 좋지 않을까? 눈에 보이는 제로페이 앱이, 눈에 보이지 않는 금융 앱에서의 연결보다 더 확실하게 인지될 수 있을 것 같다.

:: 해외결제

전 세계 어디에서나 폰 하나만으로 환전없이 결제가 되는 시대가 열렸다. 우리나라도 2019년 6월 외환관리법이 개정되면서 해외에서 간편결제가 가능해졌다. 가장 빨리 움직인 것은 카카오페이로, 마카오 등 일부 도시에서 QR코드를 이용한 간편결제가 시행 중이다. 네이버페이 역시 일본의 라인페이와 연동을 통해 일본에서 간편결제 서비스를 하고 있다. 카카오페이와 페이코도 일본에서 간편결제가 가능하지만 일본 전역에서 서비스되진 않는다.

해외 여행시 환전 안 해도 된다? 국경 넘은 간편결제 서비스

미래에셋대우는 2020년에 미래에셋페이를 만들겠다고 선언했다. 미래에셋대우는 위챗과 위챗페이를 가지고 있는 텐센트와 제휴를 맺고 있다. 또 네이버파이낸셜에 5,500억원의 투

마카오에서도 카카
오페이 된다

자를 한 곳이기도 하니 추후 네이버페이와 위챗페이의 제휴도
자연스럽게 생각해 볼 수 있다.

국민은행, 해외 간편
결제 시동 … '리브페
이' 출격

　　이 시장을 놓칠 수 없는 건 기존의 은행들도 마찬가지다. 간
편송금과 간편결제시장의 선수를 뺏긴 은행권은 해외결제서
비스만큼은 빼앗겨서는 안 되는 상황이다. 이 시장에 제일 먼
저 뛰어든 국민은행은 '리브페이'로 전 세계 어디에서나 환전
없이 결제할 수 있는 시스템을 추진 중이다. 제대로만 된다면
사용자는 충분히 늘어날 수 있다. 이미 많은 돈이 저금되어 있
는 주거래은행을 계속 쓰면 되기 때문에 사용자 입장에서도
편리하다.

간편투자의 시대, 금융업계가 변한다

간편투자시장 역시 빨라지고 쉬워지고 많아지고 위험해졌다. 간편투자의 대부분은 P2P 펀딩인데, 개인과 개인의 투자가 이처럼 활성화된 건 세 가지 특징 때문이다. 우선 은행이나 증권사를 찾아가기 귀찮다. 둘째, 나도 잘 알지는 못하지만 전문가의 말을 믿지 못하겠다. 마지막으로 큰돈이 아닌 소액으로 가능하기 때문이다.

: : 카카오페이 간편투자

카카오는 이 시장을 놓치지 않고, 카카오페이 간편투자를 시작했다. 카카오 앱의 더보기 메뉴를 통해 들어가거나, 카카오페이 앱을 별도로 설치하면 '투자' 메뉴에서 손쉽게 P2P 상품에 투자할 수 있다. 알림 신청을 해놓으면 매일 아침마다 '카카오페이 투자상품이 있으니 미리 충전해 놓으라'는 톡까지 보

카톡으로 투자하세요! 카카오페이 투자를 만든 사람들

"P2P로 모텔 신축"
배당금 돌려막기에
6,800명 160억 피해

1년새 2배 성장한
P2P

크라우드 펀딩, 어떻
게 해야 할까?

내준다. 투자상품도 온라인몰 정산대금 투자 등 안전한 상품부터 고위험 고수익의 부동산 P2P 상품까지 다양해지고 있다. 모든 투자가 마찬가지겠지만 부동산 투자의 경우에는 투자위험이 높기 때문에 더욱 더 신중한 투자가 필요하다. 카카오페이의 간편투자가 쉽고 편하지만 위험까지 책임져 주지는 않는다. 특히 주의해야 할 건 사람들은 '카카오'를 믿고 투자하지만 카카오에서 소개하는 P2P 상품은 카카오가 직접 안전성을 평가하거나 운용하는 게 아니라 피플펀드, 투게더펀딩, 테라펀드 등에서 운영하는 상품을 중개만 해주는 것이라는 점이다.

:: 크라우드펀딩

카카오페이 외에도 다양한 펀딩 회사들이 있다. 여기서 주의해야 할 점은 고금리에 고통받던 분들에게는 좋은 선택이 될 수 있는 P2P 대출이지만 투자자들은 고수익의 유혹에 빠져 투자금을 잃을 수 있다는 점이다. 대부분의 P2P 사이트들은 대출 신청자에 대해 개개인의 신용등급을 매기는데, 안전한 A등급은 수익률이 낮고 위험성이 높은 D등급은 상대적으로 높다. 문제는 이 등급에 대한 기준이 명확하지 않다는 데 있다. 테스트를 해볼 겸 A등급과 D등급에 투자를 해봤는데, D등급은 곧 법정관리에 들어갔다. 이때 투자자가 할 수 있는 일은 없었다.

투자에 대한 리스크는 수익금을 돌려주는 P2P뿐 아니라 제품으로 주는 리워드형 펀딩 역시 마찬가지다. 여기에서의 문제는 당연히 '제품의 신뢰성'이다. 와디즈에서 20억원 펀딩이라는 초유의 기록을 세운 노트북 제품은 사전 안전인증을 받지

P2P 제도권 편입 눈앞

못했고, 출시된 제품의 완성도도 떨어져 투자자들의 분노를 샀
다. 그럼에도 불구하고 20만원대라는 놀라운 가격은 다시 10
억원의 펀딩을 이끌었으며, 하이마트에 입점하는 데까지 성공
했다.

북펀딩의 매력도 계속되고 있다. 책이 팔리지 않는 시대다.

언젠가 한 번 내 책을 쓰고 싶다면! 〈책 쓰는 토요일〉

그럼에도 텀블벅 북펀딩에 올라오는 책들은 대부분 목표금액 100%를 초과달성하고 있다. 물론 목표금액이야 정하기 나름이지만 1,000%를 넘어서는 프로젝트들을 보면 경이롭다. 2019년에는 관련된 경험을 해보고자 텀블벅을 통해《책 쓰는 토요일》프로젝트를 진행했다. 2주간의 진행이라 기간이 짧았던 게 아쉽지만 그럼에도 불구하고 많은 후원자들의 관심 덕분에 잘 마무리되었다.

:: 보험의 변화

인슈어테크, 이제 보험의 대변화가 시작되었다.

카카오는 2019년 7월 보험회사 인바이유를 인수하며 적극적으로 여행보험 시장에 뛰어들었다. 워낙에 많은 보험회사들이 여행보험을 취급하고 있고, 크게 돈이 될 것 같지도 않은데 왜 뛰어든 걸까? 카카오페이 보험의 장점은 두 가지다. 일단 카카오니까 별도의 앱을 설치할 필요가 없어 간편하다. 두 번째는 여행보험을 한 번에 비교분석할 수 있다. 그 전에는 해외여행을 갈 때 각 여행보험 사이트에 들어가 대략적으로나마 비교를 하고 엑셀로 표를 만들었다. 어떤 내용이 보장되고 되지 않는지에 대해서는 알고 싶었기 때문이다. 꽤 오랜 시간이 걸리는 일이었다. 그런데 카카오페이는 보장받고 싶은 내용을 넣고 빼는 걸 자유롭게 할 수 있다. 그 선택에 따라 비교분석해 몇 개의 보험상품을 추천해 준다. 카카오페이는 여행보험 외에도 자동차보험, 동물보험, 전세보험 등 다양한 보험을 추가하며 사람들의 '시간'을 절약해 주고 있다.

'춘추전국시대' 온라인 보험

2019년 하반기 카카오페이는 삼성화재와 함께 디지털 손해보험사를 런칭했다. 운영은 카카오페이에서 맡고 삼성화재와 카카오가 전략적 투자자로 참여하는 형태다. 보험사를 설립한다는 건 보험의 중개뿐 아니라 직접 다양한 보험을 만들어서 팔겠다는 의미이다. 앞서 이야기한 보험 비교에서 가입의 편의성을 경험한 고객들은 손해보험을 가입할 때에도 쉽고 빠르게 가입할 수 있다면 카카오를 선택할 수밖에 없다. 특히 어려운 보험을 카카오가 나에 대한 데이터를 기반으로 꼭 필요한 부분만 편하게 정리해서 추천해 준다면 누구나 가입을 망설이지 않을 것이다.

카카오·삼성화재 '맞손' … 판 커지는 '디지털 보험'

토스 역시 여행자보험, 1일 운전자보험과 같은 미니 보험을 출시했다. 또 연금저축보험, 보이싱피싱보험, 3대질병케어보험 등을 제휴사들과 함께 판매하고 있다. 그리고 실손보험의 대중화에 발맞춰 보험료를 대신 청구해 주는 '병원비 돌려받

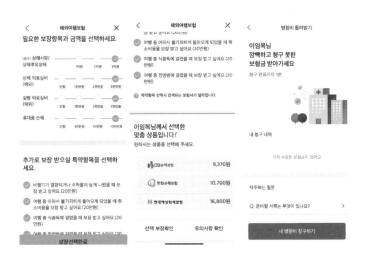

기' 서비스를 시작했다. 병원비를 청구하려면 각 보험사의 앱을 다운받아야 되고, 영수증을 스캔하거나 팩스로 보내야 하는 번거로움을 토스가 한 방에 해소해 주었다. 토스의 경쟁력은 이런 간편함에 있다.

인슈어테크가 활발해지면 보험과 관련된 다양한 산업들이 도전받고 있다. 그렇다면 보험설계사들은 모두 일자리를 잃게 될까? 그건 아니다. 마지막 선택의 순간에는 언제나 '전문가'가 필요하다. 판단을 내리기 전에 자신의 판단이 맞는지 전문가에게 묻게 되는 게 사람의 심리다. 결국 제대로 된 전문가만 살아남는 시대가 된 것이다. 관련업계에 있는 사람이라면 지금부터 자신의 전문성을 더 키워야 한다.

지금
중국은?

이제 '중국' 하면 QR 결제를 떠올리게 되듯 중국은 QR코드를 세상에서 제일 많이 쓰는 나라다. 오죽하면 길거리에서 구걸하는 사람들도 자기의 QR코드를 깡통에 새겨놓고 다닌다는 말이 나왔겠는가? 이처럼 중국은 현금보다 QR 결제를 통한 간편결제 비율이 압도적으로 높다.

그럼, 중국 사람들은 왜 '간편결제'를 좋아하는 걸까? 당연히 현금을 들고 다녀야 하는 귀찮음을 없애줬기 때문이다. 또 하나는 매장들이 적극적으로 도입했기 때문이다. 알리페이와 위챗페이를 사용할 수 있는 곳들이 많아지고, 사용할수록 혜택도 더 많이 주니 사용하지 않을 이유가 없다. 13억 중국인의 삶을 바꾼 핀테크 혁신은 매일 같이 사용하는 결제수단이 바뀌었기 때문이 아닐까?

알리페이 · 위챗페이
등 플랫폼 업체들 금
융권 추격

: : 알리페이와 위챗페이

중국에서 알리페이와 위챗페이의 사용비율은 90% 이상으로 절대적이다. 이 두 회사는 페이 도입 초기, 중국 최대의 명절을 맞아 훙빠오라고 하는 세뱃돈을 나눠주면서 경쟁적으로 자사 페이를 활용하게 했다.

알리페이는 전자상거래 회사 '알리바바'에서 소상공인들의 편한 결제를 위해 만들었다. 메신저 '위챗'에서 시작된 위챗페이는 친구들과 대화를 나누다가 쉽게 송금할 수 있고, 위챗 내에 들어와 있는 수많은 미니 앱들에서 쉽게 결제할 수 있는 편리함 때문에 많이 사용하고 있다.

그렇다면 알리페이와 위챗페이 중 승자는 누가 될까? 조심스럽게 예측해 보면 '메신저'를 가진 위챗페이가 점점 힘을 발휘하게 되지 않을까 생각해 본다. 알리페이를 쓰기 위해서는 별도의 앱을 설치해야 하지만 위챗페이를 쓰기 위해서는 평소 대화를 나누는 위챗 메신저 외에 다른 앱을 설치할 필요가 없기 때문이다.

위챗페이와 알리페이를 보면 한국의 카카오페이와 네이버페이와 비슷하다. 메신저에서 시작한 카카오페이는 위챗페이를 닮았고, 쇼핑몰에서 시작한 네이버페이는 알리페이와 유사하다. 아직 위챗페이와 알리페이의 거래량과 장악력에는 미치지 못하지만 이것 하나만은 분명해 보인다. 카카오가 꿈꾸는 미래 중에는 위챗페이가 있고, 네이버 역시 알리바바가 계열사뿐 아니라 중국 전역 어디에서도 알리페이로 결제가 가능하게 만든 것처럼 네이버페이로 모든 것이 통일되는 세상을 꿈꾸고 있을 것이다.

∷ 중국의 간편결제, 외국인에게 개방하다

중국에서의 간편결제는 말 그대로 간편하다. 다만 이건 중국에 거주하는 중국 내국인들을 위한 간편함이고, 외국인들은 일단 위챗 계정을 만드는 게 쉽지 않아 사용이 어렵다. 그런데 최근 알리페이와 위챗페이가 외국인들의 인증을 허용했다. 이는 외국인도 알리페이를 충전해 쓰는 게 가능해진다는 이야기다. 중국 내 카드가 아니더라도 비자나 마스터 카드를 사용해 계좌를 만들고, 여권을 사용해 얼굴 등록을 하면 개설할 수 있다. 다만 한 번 스캔하고 나면 6시간 정도 기다려야 승인이 나니 미리 준비해야 한다.

BC카드는 '유니온페이'와 연동을 통해 중국에서 간편결제가 가능해졌다. 유니온페이는 중국은련유한공사가 운영하는 카드 결제시스템인데, 중국은련카드라고도 불린다. BC카드의 중국 버전으로 볼 수 있는데, 1990년대 수십 개의 신용카드회사가 난립하니 중국 정부 차원에서 신용카드사들을 강제합병하여 결제시스템을 통일시키며 유일한 독점 신용카드사가 됐다. 중

외국인 관광객도 정식으로 사용할 수 있게 된 알리페이 모바일 결제

알리페이에 이어 위챗페이도 외국인에게 모바일 결제 개방

유니온페이 QR 결제

국에서 유니온페이를 사용하기 위해서는 우선 유니온페이를 적용해 주는 카드를 발급받아야 한다. 부산은행의 경우 앱에서 쉽게 계좌개설은 물론 카드 발급도 가능하다. 카드 발급 후 BC카드의 페이북 앱을 설치하고 유니온페이가 적용된 카드를 등록하면 왼쪽 상단에서 중국에서 결제가 가능하도록 활성화시킬 수 있다. 다만 중국에서 사용가능한 상태가 되면 국내에서는 사용할 수 없으니 귀국 후에는 다시 바꿔줘야 한다.

5장

영상,
모두의 일상을
담다

콘텐츠가
답이다

동영상
강남 빌딩 산 보람튜브

    2019년 IT계를 넘어 대중적인 이슈가 되었던 사건 중 하나가 6살 유튜버 보람이의 강남빌딩 매입이 아니었을까? 너무 과장되었다는 이야기가 나오기도 했지만 시사보도 프로그램 〈그것이 알고 싶다〉에도 방영될 정도였으니 어쨌든 이 사건은 사람들에게 유튜브의 위력을 알림과 동시에 부러움과 박탈감을 준 것은 사실이다.

    이후 꽤 많은 사람들이 유튜브에 다시 뛰어들었다. 반복되는 패턴이다. 신규 유튜버가 성공했다는 소리가 들리면 '나도 해볼까?'라는 생각으로 뛰어든다. 하지만 오래가지 못한다. 그리고 또다시 듣게 되는 성공스토리에 사람들은 다시 뛰어들고 생각보다 빠르게 수익이 오르지 못함을 견디지 못하고 그만두게 된다.

    그렇다면 무엇이 문제인 걸까? 결국은 콘텐츠다. 언제나 그

동영상
〈과나〉 라볶이에 미친
사람의 인생레시피

렇듯 핵심은 콘텐츠에 있다. 단 5개의 영상으로 1개월 만에 구독자 17만 명을 돌파한 유튜버 과나(gwana)의 채널을 보라. 콘텐츠가 가진 힘을 확실하게 보여준다. 그렇다. 누구나 유튜브로 성공할 수 있다. 다만 끈기를 가지고 자신만의 색이 있는 콘텐츠를 올려야 성공할 수 있다.

:: '브이로그'가 뜬다

브이로그는 비디오(vedio)와 블로그(blog)의 합성어로, 영상의 시대에 가장 관심을 가져야 하는 키워드 중 하나다. 블로그의 시대가 '글'을 중심으로 다른 사람들과 소통하는 시대였다면 브이로그 시대는 '영상(비디오)'을 중심으로 소통한다. 지금도 유튜브에서 '브이로그'라고 검색하면 정말 다양한 영상들을 발견할 수 있다. 아침부터 꽃단장을 하고 삼겹살을 구워 먹는 소소한(?) 영상에서부터 약사가 자신의 하루를 올린 영상, 회사에 출근한 신입사원이 올리는 영상까지 정말 다양하다. 그런데 도대체 왜? 연예인도 아닌 사람들이 자신의 얼굴을 공개하면서 자신의 일상을 굳이 영상으로 찍어서 올리는 걸까? 이걸 이해해야 유튜브를 이해할 수 있다.

기존세대에게 유튜브는 볼 만한 영상들이 올라와 있는 플랫폼일 뿐이다. 하지만 지금 세대에게 유튜브는 SNS다. SNS에서 친구들과 대화를 나누듯 유튜브를 통해 대화를 나누고 서로 궁금한 것들을 물어보고 해결한다. 그들에게 유튜브는 일기를 쓰듯 자신의 하루를 영상으로 기록하고 소통하는 아주 멋진 플랫폼이다.

실제로 영상을 촬영하는 장비는 스마트폰만으로 찍어도 될 정도로 간편해지고 저렴해졌다. 이렇게 도구의 간편화가 이루어지고, 유튜브라는 플랫폼의 평준화가 이루어지며 시장은 급속도로 발전했다. 누구나 참여할 수 있는 시장이 열리며 더 쉽고 빠르게 수많은 젊은 부자들을 만들어 내고 있다. 덕분에 유튜브 광풍이라고 해도 좋을 정도로 수많은 채널들이 생겼는데, 크게 5개의 크리에이티브 그룹으로 구분해 볼 수 있다.

첫째, 일반 대중이다. 채널을 가지고 있지만 콘텐츠를 올리지 않고 감상만 하거나 '나도 한 번 해볼까?' 하는 생각으로 가끔 올리는 사람들이다.

둘째, 유튜브 크리에이터를 꿈꾸는 초보들이다. 이들의 첫 번째 목표는 수익기준이 되는 구독자 1,000명을 넘기는 일이다. 이 과정에서 수많은 크리에이터들이 포기한다. 유튜브를 찍기 위한 장비도 다 사고, 영상도 많이 올렸지만 별다른 성과를 보지 못한 유튜브 낭인들이다.

셋째, 1,000명을 넘어 수익이 생기기 시작한 크리에이터들

'억대 수입' 꿈꾸고 시작했는데 … '유튜브 낭인' 속출

이다. 이때부터 영상 제작이 재미있어진다.

넷째, 구독자 10만 명 이상 실버, 100만 명 이상 골드, 1,000만 명 이상 다이아몬드 버튼의 소유자들로 일반인들이 셀럽이 된 경우다.

다섯째, 연예인과 스타들의 등장이다. 이미 팬층을 확보하고 있는 스타들(강동원, 백종원 등)이 자신의 채널을 만들어 이 시장에 뛰어들었다. 이들을 유튜브 생태파괴자라고 부른다.

:: 기업의 유튜브가 변하고 있다

그런데 이 시장에 기업들이 적극적으로 움직이기 시작했다.

한화그룹은 〈한화TV〉 채널을 운영하는데 이곳은 웹드라마 형식으로 그룹사의 각 기업들을 소개하고 있다. '3주간의 신입사원 연수과정 Vlog 최초공개!' '법인 영업사원의 실제 하루' 등 이런 식의 콘텐츠로 관심을 유발하다 보니 안 볼 수가 없다. 포스코는 좀 다르다. 그룹 내의 자회사들을 소개하는 형식이지

동영상
SK이노베이션 홍보실 막내의 리얼리티 직장인 브이로그

만 웹드라마 형식이 아니라 '제철소 인턴 체험기'처럼 같은 그룹사라도 경험해 보지 못하는 이야기들을 소개하고 있다. SK 이노베이션의 스키노맨(SKinnoMan)도 주목할 만하다. 계열사 막내 직원이 주인공인 브이로그인데 '채용족보'나 '입사꿀팁' 등을 제공한다.

그렇다면 기업들은 왜 이런 콘텐츠를 만드는 걸까? 내부용일까? 물론 아니다. 회사 내부의 다양한 모습을 보여주며 회사 이미지를 올리고자 하는 것과 그 회사에 들어가면 어떤 일을 하게 될지 궁금한 취업준비생들에게 정보를 주기 위함이다.

하지만 이런 특별한 경우를 제외하고는 대부분의 기업이 올리는 영상 조회 수는 100~200회를 넘기기 힘들다. 그렇다면 조회 수도 안나오는 유튜브를 접어야 할까? 그건 안 된다. 네이버에 검색해서 나오지 않으면 유령 회사처럼 느껴지듯 유튜브에서 검색했을 때 몇 개의 영상이라도 나와야 하는 시대이다. 지금부터 관련된 콘텐츠를 축적해 놓아야 한다.

:: **결국 핵심은 콘텐츠다**

그럼, 어떤 콘텐츠를 만들어야 하는 걸까? 자극적인 콘텐츠로 어그로를 끄는 건 오래가지 못한다. 그렇다고 매일같이 새로운 콘텐츠를 만들어 내는 것은 쉽지 않은 일이다. 그렇다면 요즘 유행하는 '레트로' 키워드에 주목할 필요가 있다.

'온라인 탑골공원'은 레트로 열풍의 성지라고 볼 수 있다. 서태지와 아이들, 유승준, 핑클…. 이런 이름이 익숙해 이들의 노래가 바로 흥얼거리며 튀어나온다면 당신도 나와 함께 손

아직도 '온라인 탑골공원'을 모르시나요?

을 잡고 온라인 탑골공원에 가야 할 나이다. 유튜브에서 'SBS KPOP CLASSIC'이라고 검색해 보자. 구독자 18만 명의 채널을 찾을 수 있다. 가요문화의 부흥기 중 하나였던 1996~2002년의 방송을 영상으로 묶어 하루종일 실시간으로 스트리밍해 주는 채널이다. 그런데 왜 탑골공원이라 불리는 걸까?

영상을 보는 것에서 그치지 않고 '실시간 채팅' 기능을 통해 영상을 보는 사람들과 대화를 나눌 수 있기 때문이다. 어젯밤에 핑클이 나오는 캠핑 프로그램을 보고, 오늘 아침 출근해서 유튜브로 핑클의 대표곡을 듣는다. '아, 이때 이랬었구나' 그 갬성을 누군가와 이야기 나누고 싶은데 나눌 사람이 없다. 회사 후배들에게 이야기하면 나이 들었다 할 게 뻔하고, 동료 역시 일하느라 바쁘다. 하지만 실시간 채팅창은 다르다. 서로 각자의 일을 하면서 한마디씩 슬쩍 던진다. 대답해 주는 사람이 있으면 좋고 없어도 상관없다. 어딘가 말하고 싶었던 게 해결됐으면 됐다.

케이팝뿐만 아니다. 〈순풍산부인과〉라는 전설적인 시트콤도 유튜브에 전편이 올라온다. 또 어떤 게 올라올 수 있을까? 〈모래시계〉〈여명의 눈동자〉와 같은 드라마들이 유튜브에 올라온다면 최민수의 인기가 다시 올라갈지도 모르는 일이다.

콘텐츠는 시간을 뛰어넘는다. 유튜브는 어떤 낡은 것들이라도 새롭게 조명받을 수 있게 한다. 지금은 인기가 있는 주류가 아닐지라도 80%에 해당하는 비주류 롱테일 영상들이 유튜브 시장에 새로움을 더하고 있다. 새 술을 낡은 부대에 담지 말라지만 새 부대에는 낡은 술도 꽤 어울리는 법이다.

유튜브와 레거시 미디어, 어떻게 변하는가?

:: 〈와썹맨〉과 〈워크맨〉 그리고 〈펭수〉

이제 밀레니얼 세대뿐 아니라 모든 사람들이 TV를 잘 보지 않는다. TV보다 유튜브가 더 편하고 재미있기 때문이다.

8시나 9시 뉴스도 마찬가지다. 사람들은 이제 제시간에 뉴스를 보지 않는다. 그렇다고 뉴스를 보는 시간이 줄어든 건 아니다. 정규방송이 아닌 유튜브와 팟캐스트로 그날의 뉴스를 밤 늦게 또는 다음날 본다.

이런 흐름을 방송사들이 모르는 건 아니다. 이미 방송 3사는 각자의 방식대로 크리에이터와 MCN을 준비해 왔다. 문제는 준비하고 대응했던 것보다 세상이 더 빨리 변하고 있다는데 있다.

2019년, 유튜브에서 가장 성공한 콘텐츠를 꼽으라면 〈와썹맨〉과 〈워크맨〉, 〈자이언트 펭 TV〉를 꼽을 수 있다. GOD의 박준형, JTBC 아나운서 출신 장성규, 한국의 크리에이터를 꿈꾸는 10살 펭귄이 각각 주인공이다. 앞의 둘은 JTBC 산하 룰루랄라 스튜디오의 프로젝트이고, 펭수는 EBS 소속이다.

〈와썹맨〉은 박준형이 정해진 장소를 가서 돌아다닌다. 장소만 정해져 있지 컨셉은 없다. 만나고 싶은 사람이 있으면 만나고, 먹고 싶은 게 있으면 먹는다. 워낙 연예계에 인맥이 넓다보니 JYP를 비롯해 유명 기획사들을 방문하는 것도 거침없어 '여포'라는 별명이 붙었다. 사실 예나 지금이나 박준형이 변한 건 없지만 지금 세상과 지금의 플랫폼이 그를 다시 한번 스타로 만들었다.

동영상
와썹맨

〈워크맨〉은 한마디로 말하면 '직업체험'이다. 사람들은 자신이 하지 못한 선택들이 궁금하다. 'PC방' 편에서는 PC방 아르바이트생들이 하는 업무를, '에버랜드' 편에서는 에버랜드에서 일하는 직원들의 삶을 엿볼 수 있었다. 이걸 3일로 늘리고, 그들의 웃음 뒤 가려진 애환을 다루게 되면 〈다큐멘터리 3일〉이 된다. 〈워크맨〉은 이를 유튜브의 문법으로 풀어 15분 남짓의 시간 동안 최대한 재미있는 모습만을 편집해 보여준다. 화려한 자막은 필수다.

동영상
워크맨

2019년 4월 데뷔한 펭귄 한 마리가 슈퍼스타가 됐다. 자이언트 펭귄 '펭수'다. '펭귄 옷을 입은 캐릭터가 뭐 대단하지?'라고 할 수도 있겠지만 펭수의 인기는 정말 대단하다. 아이들이 조금만 커도 '뽀로로'는 안보기 때문에 아예 처음부터 밝은 모습이나 도덕적 교훈만을 주는 게 아니라 할말 다하는 캐릭터로 계획됐다. 그래서일까? 펭수는 2030세대에게 큰 인기를 얻

고 있다. 아직 아이의 감성을 가진 성인들이 마음껏 좋아해도 되는 캐릭터로 인기를 얻으며 〈자이언트 펭 TV〉는 구독자 90만, 콘텐츠당 50만 조회를 쉽게 넘고 있다.

다른 방송사에 출연하는 것도 거리낌 없기에 MBC 〈마이 리틀 텔레비전 V2〉에도, SBS 라디오 〈배성재의 텐〉에도 등장했다. 촬영 예산이 필요할 때면 EBS 사장의 이름을 친구 부르듯 부르는 것도 화제였다. 이런 화제와 인기를 몰고 온 펭수는 광고주들의 러브콜도 엄청나게 받고 있는 중이다.

:: 〈신서유기〉 5분의 의미

〈1박 2일〉〈꽃보다 할배〉〈삼시세끼〉 등 남들이 잘 안하는 컨셉을 시도해 성공한 사람이 있다. 창의성을 이야기할 때면 빠지지 않고 등장하는 나영석 PD다. 그가 2019년 9월 난데없이 유튜브 라이브를 시작했다. 새로 시작하는 〈신서유기〉 홍보를 위해서였다. 나 PD는 라이브 방송에서 시청자들에게 잠시라도 자리를 비우면 안 된다고 계속 말했는데, 그 이유는 본방송의 분량이 짧았기 때문이다.

〈신서유기 외전〉은 정규방송이라고 할 수 있는 공중파 방송시간이 5분뿐이고, 전체방송 20분은 유튜브를 통해 봐야 한다. 이에 대해 출연자 중 한 명인 은지원은 '이게 무슨 정규방송이야, 광고시간보다도 짧잖아'라고 이야기했는데, 이 말이 핵심이다. 이제는 광고시간보다도 더 짧고 재미있게 만들어야 하는 시대가 된 것이다.

그렇다면 나영석 PD는 왜 이런 파격적인 방송을 만든 걸까? 원래 그런 사람이라서 그런 걸까? 아니면 이상한 걸 한 번 해줘야 사람들이 보니까 그런 걸까? 아니다. 여기에는 3가지 이유가 있다.

첫째, 이제 채널 선택의 기준이 완전히 시청자들에게 넘어갔기 때문이다. 과거의 방송 채널이 시청자의 선택을 받기 위해 싸웠다면 이제는 수많은 유튜브 채널과 경쟁해서 선택받지 않으면 안 된다. 둘째, 새로운 세대의 시청자들이 무엇을 좋아하는지, 어떤 걸 보고 어떤 걸 보지 않는지 알기 위해서는 직접 경험해 봐야 알 수 있기 때문이다. 나 PD는 유튜브를 하며 요즘 TV 없는 가정이 굉장히 많다는 것을 알게 되었다고 한다. 이처럼 직접 해보지 않으면 짐작으로밖에 알 수 없다. 마지막으로 새로움에 대한 도전이다. 이건 이미 새로운 시도로 성공해 왔던 나영석 PD이기에 가능한 일이다. 그가 유튜브에 뛰어들어 새로운 방식으로 성공을 거두고 나면 후배 PD는 물론 관련업 종사자들에게도 해볼 만하다는 인식을 심어줄 수 있기 때문이다.

동영상
나피디와 함께하는
아.간.세 첫방

:: 숏 콘텐츠의 매력, 틱톡

BTS는 2019년 9월 틱톡 계정을 만들어 211분에 100만 팔로어를 달성했다. 211일이 아닌 211분이다. BTS의 인기도 있지만 이렇게 단시간 내에 성과를 볼 수 있는 플랫폼은 지금까지 없었다. 틱톡이 다른 곳과의 차별점은 바로 15초의 매력인 숏 콘텐츠다. 다른 곳은 광고가 15초인데 틱톡은 영상이 15초다. 틱톡은 이를 '숏확행(짧아서 확실한 행복)'이라고 말한다.

영상을 만드는데 들어가는 재미있는 AR 스티커와 음악도 이미 저작권 문제를 해결했기에 누구나 편하게 영상을 만들 수 있도록 한 것도 장점이다. 이런 편리함에 힘입어 국내 유저 320만 명, 전 세계 9억 명의 유저를 확보했다. 유튜브 저격수라는 말이 나오는 이유이기도 하다. 이제 틱톡은 15초를 넘어 60초 영상도 제작할 수 있게 지원한다.

: : 유튜브는 어떻게 변할까?

키즈 유튜브, 개인 광고 금지령

2019년 키즈 채널의 광고 정책이 바뀌었다. 키즈 채널은 이제 어린아이에게 적합한 광고가 아니면 광고가 달리지 못한다. 이처럼 유튜브의 가장 큰 리스크는 정책이 언제 바뀔지 모른다는 점이다. 유튜버들과의 협의가 아닌 통보이지만 그대로 받아들일 수밖에 없다. 이런 환경에서도 계속 유튜브를 해야 할까? 물론이다. 유튜브의 장점은 하나의 주제를 다룬 영상들이 서로 시청자를 빼앗는 무한경쟁이 아니라 서로를 도울 수 있는 '윈윈' 구조이기 때문이다. 영상 하나를 재미있게 다 보고 나면 '다음 동영상'이 추천되는 방식이다.

다만 콘텐츠의 내용에 대해서는 계속해서 고민할 필요가 있다. 처음 한두 번은 어그로를 통해 사람들의 관심을 받을 수 있을지 몰라도 제대로 된 콘텐츠가 이어지지 않으면 계속 관심을 받는 건 불가능하다. 먹방 유튜버 밴쯔는 허위 다이어트 광고로 법정에 섰고, 사과하는 방식이 잘못되어 팬들을 떠나 보냈다. 보수 유튜브 채널 '가로세로연구소'는 가짜뉴스를 지속적으로 올리다 대부분의 영상에 '노란딱지'가 붙었다. 이렇게 된 콘텐츠는 광고를 통한 수익창출이 금지되기 때문에 유튜버들에게 있어서는 치명적이다.

앞으로 유튜브는 더 성장할 것이기 때문에 기업이나 서비스를 운영하고 있는 곳이라면 반드시 채널 하나 정도는 열어두어야 한다. 많은 내용을 올리지 않아도 좋다. 제대로 된 회사소개 영상 하나여도 충분하다. 지금 뛰어들지 않는다면 그만큼 기회와 축적의 시간을 잃어버리게 될 것이다.

'유튜브' 매력에 빠져든 증권사

OTT 서비스,
누가 승자가 될 것인가?

년 아직도 TV 보니?
난 넷플릭스·유튜브
로 본다!

5G 시대에서 가장 큰 변화 중 하나는 영상이다. 스마트폰이 도입된 후 10년 동안 영상을 보는 방식은 꾸준하게 변했다. 초기에는 불법으로 다운로드를 받아 보는 것이 일상적이었는데 어느 순간부터 불법으로 다운받는 것도 신경 쓰이고, 다운로드를 받아 폰이나 태블릿에 옮기는 것도 귀찮아졌다. 이 틈을 타고 등장한 서비스가 바로 넷플릭스와 같은 OTT(Over The Top) 서비스다. 넷플릭스는 한 달 9,500원 가량의 돈을 내면 영화와 드라마를 무제한으로 언제 어디서나 어떤 디바이스에서도 볼 수 있다. 가장 매력적인 건 '광고'가 없다는 것인데, 광고 없이 보는 편리함을 한 번 경험한 사람이라면 빠져나올 수 없다.

그런데 생각해 보자. 우리는 언제부터 밖에서 영상을 보는 게 편해진 걸까? 3G 시대만 해도 집(wifi)이 아닌 밖(3G)에서 영상을 본다는 건 생각조차 못했다. '요금폭탄'이 두려웠기 때문이다. 하지만 무제한 요금제가 생기면서 변했다. 지금처럼 영상의 시대를 가져온 건 저렴한 요금제와 빠른 인터넷 덕분이다.

영상 플랫폼은 크게 두 개로 나눌 수 있다. 하나는 넷플릭스와 같은 OTT 서비스이고, 다른 하나는 유튜브와 같은 일상 플랫폼이다. 둘의 차이는 콘텐츠의 생산과 공급을 맡은 사람이 누구냐에 따라 나누어진다. 물론 이 둘이 섞여 있는 형태도 있기는 하지만 그건 논외로 하자.

:: 넷플릭스

OTT 서비스의 대장격이라면 역시 넷플릭스다. 2019년 1월 자체적으로 만든 조선 좀비 드라마 〈킹덤〉 이후 가입자가 급증하며 2019년 11월 기준으로 국내 유료사용자가 200만 명을 넘었다. 넷플릭스의 성공요인은 크게 3가지를 들 수 있다.

첫째, 저렴하다. 베이직 요금제는 월 9,500원, 스탠다드는 12,000원, 프리미엄은 14,500원이다. 가격의 차이는 여러 대의 디바이스에 동시접속 가능 여부와 화질의 차이다. 비싸 보이지만 영화 한두 편을 굿다운로드하는 금액 정도이다.

둘째, 어떤 디바이스에서도 접속이 가능하다. 스마트폰은 기본이고, 스마트TV, 태블릿, 웹사이트에서도 볼 수 있다. 심지어 엑스박스와 플레이스테이션에서도 실행할 수 있다. 더 좋은 건 스트리밍 방식이기 때문에 이어서 볼 수 있다는 점이다. 집으로 가는 길에는 스마트폰으로 보고, 집에 도착해서는 바로 TV

넷플릭스의 진격 …
영화관도 접수할까?

로 이어볼 수 있다.

셋째, 4,200만 개 이상의 콘텐츠가 있어 평생 질리지 않고 볼 수 있다. 여기에 더해 각 영상에 대한 '자막'과 '더빙' 처리 역시 수준급이다. 또 한 계정으로 접속하더라도 총 5개의 서브 계정을 만들 수 있기에 가족별로 각자의 취향에 따라 보고 싶은 영화를 선택할 수 있게 한 것도 장점이다.

그런데 콘텐츠 왕좌의 자리에 서 있던 넷플릭스에 도전하는 업체들이 생겨나고 있다.

:: 훌루

넷플릭스가 성장하자 디즈니, 뉴스코퍼레이션, 컴캐스트, 타임워너가 연합하여 '훌루'라는 스트리밍 서비스를 만들었다 (2024년부터는 디즈니가 100% 지분을 가져가기로 했다). 현재 미국과 일본에서만 서비스되고 있으며, 넷플릭스와 다르게 가장 저렴한 요금제에는 광고가 포함되어 있다. 미국 내 이용자 숫자는 넷플릭스가 6,000만 명, 훌루는 2,500만 명 정도로 차이는 있지만, 미디어 대기업들이 모여 있다 보니 헐리우드 영화 등 넷플릭스에 없는 콘텐츠가 많다는 장점이 있다.

:: 디즈니플러스

디즈니는 2019년 11월 디즈니플러스를 시작했는데, 출시 하루 만에 천만 가입자를 돌파했다. 훌루와 다르게 디즈니가 위협적인 건 콘텐츠 때문이다. 지난 몇 년간 디즈니는 스타워즈 시리즈의 루카스필름, 마블, 픽사애니메이션에 공을 들였다. 이 시리즈들은 넷플릭스에서도 조회 수가 높은 작품들이었기 때문에 위협이 될 수밖에 없다. 참고로 디즈니는 넷플릭스와 2019년을 끝으로 공급계약을 종료한다.

화제의 '디즈니+' 써 보니 양보다 질, 가 격까지 매력

여기에 더해 디즈니의 오래된 명작 애니메이션들까지 서비스되니 일단 볼 만한 콘텐츠가 많다. 금액도 넷플릭스를 겨냥해 월 6.99달러(연간 69.99달러)로 저렴하게 책정했다. 다만 넷플릭스처럼 한꺼번에 모든 에피소드가 공개되는 방식이 아닌 매주 공개방식이어서 넷플릭스에 익숙한 사람들에게는 좀 아쉬울 수 있다. 여기에 훌루까지 접목시킨 요금제가 나오게 된다면 충분히 위협적일 수 있다. 덕분에 디즈니의 주가가 30% 이상 오르기도 했다.

애플 통합 구독모델 도입 예정. 14억대 애플 기기 사용자가 주 타깃

:: 애플TV플러스

플랫폼, 콘텐츠, 구독제 모델 이 시장을 애플이 놓칠 리 없다. 애플은 2019년 행사에서 애플TV플러스의 구독제 모델을 공개

했다. 요금은 월 4.99달러로 저렴하게 책정했고, 애플의 신제품 구매시 1년 무료서비스를 주고 있다. 2019년 11월 1일 서비스를 정식 오픈했지만 콘텐츠 부족이 단점으로 꼽힌다.

:: 국내의 OTT 서비스

평소 공중파나 케이블 방송을 잘 보지 않는데 굳이 비싼 돈을 들여 셋톱박스를 설치할 필요가 있을까? 넷플릭스가 사람들에게 미친 영향이다. 사람들은 이제 원하는 방송과 영화, 드라마를 골라 원하는 시간에 편하게 보고 싶어 한다. 국내 방송 시장이 위축될 수밖에 없는 이유다. 이런 이유로 다양한 움직임들이 나타나고 있다.

국내 서비스 중 넷플릭스의 대항마라 부를 만한 건 '왓챠플레이'다. 2016년 1월 처음 시작해 지금은 5만 편 정도의 콘텐츠를 서비스하고 있다. 넷플릭스에 없는 영화와 드라마들이 꽤 많기 때문에(HBO시리즈 왕좌의 게임 등) 양쪽 모두를 이용하는 사람들도 많다. 2019년 6월 기준으로 가입자 수는 570만 명에 달하며, 이런 인기와 회원 수를 바탕으로 왓챠는 향후 코스닥 상장을 꿈꾸고 있다.

넷플릭스 VS 왓챠 플레이, 뭘 볼까?

2019년 말에는 SKT의 옥수수와 지상파 3사의 푹(pooq)이 통합된 서비스 '웨이브'가 출시됐다. 옥수수 이용자 1,000만 명에 푹 이용자 400만 명을 합치면 1,400만 명이란 숫자가 되니 이 정도면 꽤 경쟁력 있는 숫자다. 웨이브는 공중파 3사의 최신작이 가장 먼저 올라온다는 장점이 있지만, 몇몇 방송사들이 합류하지 않아 반쪽짜리 플랫폼이라는 말도 나오고 있다.

웨이브, 넷플릭스 쫓
다 뱁새 신세 될지도

결국 웨이브도 콘텐츠의 숫자가 가입자들의 만족도를 결정하게 될 것이다.

KT는 시즌(Seezn)이란 이름으로 OTT 서비스를 시작했다. CJ ENM도 '티빙' 서비스를 영화, 키즈, 커머스에서 음악, 뷰티, 패션으로 확대하고 있다. 2020년에는 JTBC와 합작법인을 설립하기로 했으니 기대해 볼 만하다.

JTBC·CJ ENM, '티빙' 놓고 동상이몽

: : OTT 서비스의 핵심은 '시간'과 '콘텐츠'

어떻게 하면 고객이 좀 더 쉽고 빠르게 영화와 드라마를 보게 할 수 있을까? 어떻게 하면 시간을 쪼개 영상을 볼 때 최고의 만족도를 얻게 할 수 있을까? 여기서 시작된 고민은 '건너뛰기'나 '영상 전송속도'에 대한 기술적인 투자로 이어지고 있다. 고객의 시간을 줄여주는 건 이것만이 아니다. 1.5배, 2배속으로 빠르게 넘겨가며 볼 수 있게 하고, 드라마 시즌 중에서 원하는 에피소드만 골라보는 걸 넘어 원하는 배우만 골라볼 수 있게 하는 서비스도 출시되고 있다. 또 어떤 영상을 봐야 할지 모르는 고객들을 위한 '추천 서비스'도 시간절약 서비스 중 하나이다.

OTT 춘추전국 시대.
엘도라도를 향해 달려라

또 하나의 핵심은 콘텐츠다. 경쟁이 치열해지며 고객들이 서비스를 선택하는 기준은 '콘텐츠'일 수밖에 없다. 똑같은 콘텐츠가 넷플릭스에도 있고, 애플TV+에도 있다면 경쟁력이 없다. 이때 필요한 게 '여기서밖에 볼 수 없는 자체 콘텐츠'다. 넷플릭스가 '넷플릭스 오리지널'에 엄청나게 투자하는 이유이기도 하다. 콘텐츠는 '믿을 수 있는' '정말 볼 만한' 작품을 의미하기도 한다. 조금 더해서 그 콘텐츠를 본 사람들이 추천하는, 20대가 많이 보는, 슬플 때 볼 수 있는 등 다양한 큐레이션이 필요하다.

지금
중국은?

중국에서는 유튜브를 볼 수 없다. 넷플릭스도 마찬가지다. 이런 특수한 환경 속에서 자체적인 서비스들이 성장했다.

주목할 만한 곳은 아이치이와 텐센트비디오, 유쿠다. 아이치이는 바이두, 유쿠는 알리바바, 텐센트비디오는 텐센트가 운영하고 있으니 중국의 1세대 인터넷 기업인 B.A.T가 모두 OTT 서비스를 하고 있는 셈이다. 이 중에서 제일 크게 성장한 아이치이는 〈별에서 온 그대〉를 다른 곳들과 함께 서비스했는데, 총 누적 뷰는 25억에 달했다. 〈태양의 후예〉를 단독으로 서비스하면서는 26억 뷰를 달성했다. 현재 회원 수는 무려 1억 명, 유료회원 수는 8,500만 명으로 압도적인 중국 1위다. 이렇게 유료화 모델을 정착하게 만든 건 두 편의 한국 드라마 덕인데 실제로 〈태양의 후예〉를 서비스했을 당시 유료회원 수는 기존 1,000만 명에서 1,500만 명으로 50% 가까이 증가했다.

중국의 동영상채널
… 유쿠, 아이치이,
텐센트비디오

중국판 넷플릭스 아이치이, AI로 수익 극대화 나서

　3사의 최근 전략은 골라보기다. 1.5배, 2배속으로 빠르게 넘겨가며 볼 수 있고, 드라마 시즌 중에서 원하는 에피소드만 골라보는 걸 넘어 원하는 배우만 골라볼 수 있게 하는 '즈칸다 서비스'를 하고 있다. 굳이 제작사의 의도대로 보고 싶지 않은 장면까지 봐야 할 필요가 없다는 니즈를 반영했기 때문이다. 앞으로 다른 회사의 서비스에도 충분히 반영될 여지가 있다.

6장
리테일테크,
일상을
거래하다

우리는
어떻게 구매하는가?

"아빠 주문했어?"

'아차 깜빡했다.' 아이가 며칠째 주문해 달라고 했던 쿠키즈 미니폰 케이스를 주문하지 못했다.

"지금 주문할게?"

"그럼 내일 받을 수 있지?"

"아니. 그래도 이틀 정도는 기다려야 할 것 같은데?"

잠시 생각하는 표정이더니 이렇게 말한다.

"그냥 로켓배송으로 시켜."

어느새 녀석도 익숙해졌다. 로켓배송. 확인해 보니 평소에 생각보다 많은 것들을 로켓배송으로 주문하고 있었다. 로켓배송의 가장 큰 장점은 다음날 받을 수 있다는 것이다. '에이 무슨 다음날 아침에 받을 만큼 급하게 받아야 할 물건이 있겠어? 미리미리 주문하면 되지'라고 할 수도 있겠지만, 만약 내일 오후에 필요한 물건이라면? 모레 당장 여행을 가야 한다면? 로켓 배송을 선택할 것이다.

세상이 빨라지며 물건을 구매하기 전 살까 말까 하는 욕구에서부터 주문·결제·배송 단계에 이르기까지 다양한 영역에서 변화가 일어나고 있다. 이 모든 구매의 흐름에 '디지털'이 적용되며 우리의 일상을 바꾸고 있다. 이를 '리테일테크'라 부른다. 리테일테크가 적용되는 유통의 과정을 정리해 보자.

미래 쇼핑을 보여줄 게, 리테일테크

동영상
KT GiGA 지오펜싱

:: 구매욕구 단계 및 주문 단계

'아, 이거 정말 사고 싶은데?' 이런 생각이 드는 때는 언제인가? 오프라인과 온라인을 나누어 생각해 보자. 길을 걷다 예쁜 액세서리를 발견하면 '오, 괜찮은데'라며 멈춰서 보게 된다. 이런 식으로 고객의 발걸음을 멈추게 하는 건 '우연'과 '길거리 마케팅'의 힘이다. 쉽지 않다. 그래서 '지오펜싱'이란 IT 기술을 사용해 유인을 한다. 가상의 울타리를 쳐서 그 울타리 안에 들어온 예비고객들에게 할인쿠폰이나 이벤트를 보낼 수 있는 기술이다.

식당에서 주문을 할 때도 마찬가지다. 가장 스트레스는 불러도 오지 않는 점원이다. '여기요'라고 아무리 외쳐도 오지 않는다. 더 부담스러운 건 메뉴판을 가져다 준 다음 옆에 서 있는 경우다. 충분히 고민하고 싶은데 불편해진다. 이를 해결하기 위한 것 중 하나가 '네이버 테이블주문'이다. 자리에 앉아 QR 코드를 찍어 차분하게 주문과 결제를 하는 것만큼 빠르고 편안한 건 없다. 카카오 챗봇 주문을 이용해 매장에 가기 전에 미

IT는 우리의 일상을 어떻게 바꾸는가? Part 2

리 주문하는 것 역시 좋은 방법이다.

　온라인에선 어떨까? 온라인에서 구매욕구가 생기는 건 광고의 힘이 크다. 하지만 다양한 광고 차단방법이 생기며 사람들은 광고를 보지 않는다. 그래서 아마존의 제프 베조스는 워싱턴포스트를 인수한 후 독자들이 광고를 보게 하기 위해 광고 차단 프로그램을 막았다. 그는 광고가 나쁜 게 아니라 광고를 보고 난 후 보게 되는 콘텐츠가 형편없을 때가 문제라고 말했다. 맞다. 핵심은 상품과 서비스의 퀄리티다.

　그렇다면 광고 외에 소비자를 유인할 수 있는 방법은 뭐가 있을까? 바로 다른 사람들의 리뷰다. 유튜브와 SNS에서 유명한 셀럽들의 리뷰가 인기를 끄는 이유다. 최근에 눈에 띄는 것은 '라이브 커머스'이다. CJ오쇼핑은 힙합 가수인 타이거JK와 함께 모바일쇼핑 생방송인 〈쇼크라이브〉에서 이어폰을 판매했는데 2시간 만에 9만 명이 신청하며, 4,000만원의 주문을 받았다. 티켓몬스터는 '티비온(TVON)'을 2017년부터 시작했는데 시청자 수는 60배, 매출은 26배 증가하는 성과를 냈다.

CJ오쇼핑, 쇼크라이브×타이거JK

미국 뒤흔든 '모바일 라이브스트림 쇼핑'

이 중 최대 매출은 1분에 3,000만원, 1시간에 4억원을 올리기도 했다. 기존 세대들이 홈쇼핑을 보며 빨리 구매해야 할 것 같은 압박감을 느꼈다면 지금 세대들은 라이브 방송을 보면서 실시간 채팅을 통해 자신이 원하는 제품을 확인하고 문의 및 구매까지 폰으로 한 번에 진행하고 있다.

:: 결제 단계

성공한 쇼핑몰 뒤에는 늘 '페이'가 있다

결제 단계는 쉬우면 쉬울수록 좋다. 생각하는 시간이 길면 길어질수록 물건을 구매할 확률이 떨어지기 때문이다. 스마트폰으로 물건을 결제하려고 하는데 공인인증서가 있어야 한다면 집에 가는 동안 '이건 굳이 살 필요가 없는 물건이었는데'라며 다시 한번 생각할 시간이 생긴다. 결국 결제로 연결되지 못할 확률이 크다. 아마존이 빠른 결제서비스 '원클릭'을 만든 이유다. 원클릭은 배송지, 카드결제 관련 정보들을 미리 등록해놓고 결제할 때 한 번만 클릭하면 되도록 만들었다.

IT 기술이 발전하며 스마트폰에서 쉽게 개인을 인증할 수 있는 지문인식, 홍채인식, 안면인식 등의 간편결제가 활발해지면서 모바일쇼핑은 더 활성화됐다. 이제 지문을 대거나 그냥 쳐다만 봐도 결제가 된다. 더 이상 결제를 미루거나 주문할까 말까 고민할 시간이 없다.

네이버 · 카카오 · NHN, '테이블 주문' 대전

오프라인은 어떨까? 오프라인에서 사람들이 가장 싫어하는 건 계산대에서 줄을 서는 일이다. 이를 해결하기 위해 다양한 방식들이 구현되고 있다. 대표적으로 앞에서 소개한 네이버의 '테이블주문'과 카카오의 '챗봇 주문', NHN의 '페이코 오더',

스타벅스의 '사이렌 오더'가 있다. 언제 어디서나 쉽게 결제할 수 있는 시대가 됐다.

:: 배송 단계

잠자기 전에 주문하고 아침에 눈뜰 때 물건을 받는 마켓컬리의 샛별배송을 보고 사람들은 '신선하다'라는 느낌을 넘어 이게 정착될 수 있을지 우려를 가졌지만 곧바로 대기업들이 샛별배송을 따라하기 시작했다. 롯데는 새롯배송을 만들었고, SSG도 새벽배송을 하고 있다. 그런데 이 시장에서 마켓컬리를 따라잡고 있는 회사가 있다. 2018년 5월부터 신선식품 배송서비스를 시작한 '오아시스'다. 오아시스는 우리생협과 MOU를 맺고, 저렴한 가격에 친환경 포장지를 사용하는 등 고객들의 마음을 사로잡으며 2019년 10월까지 누적회원 수 15만 명에

치열해진 배송 속도 전 … '시간을 판다'

마켓컬리 대항마 '오아시스마켓', 유기농 신선식품으로 승부수

매출도 133% 이상 성장했다. 쿠팡의 로켓배송 역시 많은 사랑을 받는 서비스 중 하나이다.

즉시배송이 이루어지기 위해서는 고객과 가까운 곳에 물류창고가 있어야 한다. 그런데 아무리 가깝더라도 물류창고는 규모가 있다 보니 시내와 가까울 수 없다. 그래서 교통요지에 물류접점을 만들고 있다. 티몬은 티몬팩토리 익스프레스를 확장해 오프라인에 있는 상품을 주문하면 1시간 안에 배달하는 서비스를 내놨다. 여기서 주목해야 하는 회사가 바로 SSG 신세계다. 집 근처에 이마트가 있고, 이마트24가 있다. 신세계의 쓱배송이 무서운 이유다.

동영상
네오인이 말하는 쓱
배송 이야기

이렇게 배송은 '즉시배송'으로 넘어갔다. 앞으로도 점점 빠르게 배송받기를 원하는 사람들의 기대는 변하지 않을 것이다. 하지만 걱정도 된다. 즉시배송을 넘어서면 또 어떤 빠름을 찾게 될까?

온라인과 오프라인의 공존, 일상이 바뀌다

쿠팡은 정말 한국의 아마존이 될 수 있을까? 이마트는 온라인 시장까지 장악할 수 있을까? 워낙 세상이 빨리 변하다 보니 아무도 짐작할 수 없다. 다만 몇 가지 관전포인트가 있다.

온라인은 반드시 오프라인 매장이 있어야 한다. 오프라인 매장에서는 온라인으로 팔지 못한 유통기한이 임박한 신선식품들을 모아놓고 팔 수 있다. 고객의 살아있는 데이터도 얻을 수 있다. 그래서 앞으로 많은 온라인 기업들이 오프라인에 진출하는 모습을 보게 될 것이다. 오아시스마켓의 우리생협 오프라인 매장이 좋은 예다.

그렇다면 반대로 모든 사람들이 온라인에서 주문을 하는 시대에 오프라인은 어떻게 살아남을 수 있을까? 저가경쟁만으로는 살아남을 수 없다. 저가는 이제 기본이다. 오프라인의 경쟁력은 첫째, '배송'이다. 가장 좋은 배송은 고객이 직접 가져가

동영상
새벽배송 스타트업
'오아시스마켓'

　는 것이라고 이야기했던 것처럼 근처에 있는 고객들에게 오늘 가져다 주거나, 지금 온라인 가격과 혜택 그대로 가져가게 하거나, 집에 가는 길에 찾아서 갈 수 있게 하는 것이다. 즉, 온라인 구매보다 배송시간을 줄이는 게 중요하다.

　둘째는 '경험'이다. 오프라인에 시간을 내서 오는 고객들에게는 더 좋은 '경험'을 제공해야 한다. 이곳은 뭔가 다르다고 느껴지는 경험을 줘야 한다. 직접 찾아오게 되면 눈으로 보고 만지고 입어보고 친절한 서비스를 받을 수 있다는 확신과 궁금한 게 있을 때 검색하는 것보다 직접 물어보는 게 더 빠르다는 인식, 단골을 기억해 준다는 믿음 등 이런 것들을 오프라인에 녹여내는 방법을 찾아야 한다.

　마지막으로 오게 만드는 '이유'가 있어야 한다. 그래서 백화점 지하 1층에는 전국 맛집이 있고, 고층에는 영화관이 있다. 백화점들은 점점 백화점 전체를 증강현실로 만들어 구석구석 돌아다니게 만들거나 손으로 직접 만지고 체험하게 한다.

　판교의 현대백화점에는 '회전목마'가 있고, 수지에 새로 생긴 롯데몰에는 '아이스링크'가 있다. 상하이의 스타벅스는 '세

러쉬, 입욕제로 700억 매출 … 점포전략 눈길

계에서 제일 큰 로스팅 기계를 볼 수 있다'는 한 가지 포인트로 전 세계 사람들을 끌어 모았다. 이처럼 오프라인에 직접 가야 만 볼 수 있는 이유를 주지 않으면 사람들은 오지 않는다.

지금
중국은?

:: **아마존과 알리바바로 보는 리테일**

아마존과 알리바바는 비슷하지만 또 다르다. 10년 전 이베이와 싸웠던 알리바바의 마윈은 이베이를 상어로, 알리바바를 장강의 악어로 표현했다. 아마존의 경우도 마찬가지다. 아마존은 세상 모든 걸 먹어 삼키는 상어이고, 알리바바는 자신이 제일 잘할 수 있는 곳을 넓혀가며 싸우는 장강의 악어다. 물론 알리바바 때문에 일자리를 잃거나 없어진 회사들은 절대로 동의할 수 없겠지만 알리바바는 처음부터 상생을 목표로 다양한 영역으로 확장해 왔다. 두 회사의 오프라인 진출 전략부터 알아보자.

아마존은 2017년 신선식품 전문점 홀푸드를 인수했다. 아마존은 이미 물류를 갖추고 있으니 당일배송은 물론 홀푸드를 방문하는 사람들의 빅데이터까지 수집할 수 있다. 여기에 더해

20만대 로봇군단, 아마존 당일 배송의 전사

동영상
중국 알리바바 그룹
의 2세대 로봇 식당

아마존의 프라임 멤버십 고객들은 홀푸드에서도 할인을 받을 수 있으니 이용하지 않을 이유가 없다.

알리바바는 허마셴셩을 가지고 있다. '반경 3km 이내 고객의 집에서 냉장고를 없애겠다'라고 야심찬 선언을 한 허마셴셩에서는 신선식품을 주로 취급한다. 난상을 비롯한 몇 개의 지점에는 로봇매장 'ROBOT HE'가 들어와 있다. 손님이 테이블에 앉아 태블릿을 통해 음식을 주문하면 개방된 주방에서 주방장이 요리를 로봇에 담아 레일을 통해 손님의 테이블로 전달하는 방식이다.

허마셴셩을 리테일테크의 핵심으로 보는 이유가 몇 가지 있다. 첫째, 허마셴셩에서는 따로 계산대가 없고, 허마셴셩 앱으로 물건을 주문하거나 결제해야 한다. 앱이 없으면 손님이 물건을 사고 싶어도 살 수가 없다. 둘째, 매장과 3km 이내라면 30분 만에 배달을 약속했다. 셋째, 현장에 점원들이 없어도 매장에 비치된 각 상품별 바코드를 읽으면 정보를 즉시 확인할 수 있는 언택트 방식이 적용되어 있다.

'아마존 고(Amazon Go)'는 성공할 수 있을까?

:: 무인매장

무인매장은 두 가지 방향으로 발전하고 있다. 하나는 결제 단계를 없애 결제를 편하게 하는 방식이고, 다른 방식은 사람을 없애 인건비를 줄이는 방식이다. 전자에 해당하는 건 아마존의 아마존 고 방식이며, 후자에 해당하는 건 중국 징둥닷컴의 X마트나 빙고박스를 떠올릴 수 있다.

한국형 아마존고 '이마트' AI 무인 판매기

아마존 고는 계산대를 없애 손님의 시간을 줄이고 있는데, 벌써 17개의 매장을 가지고 있을 정도로 커졌다. 2019년 9월 말 신세계 아이앤씨는 아마존 고와 비전카메라에서 알고리즘까지 유사한 방식으로 김포에 무인매장을 열었는데, 이는 신세계가 만들어 가는 SSG 쓱 매장의 진화형으로 볼 수 있다.

점원이 없는 무인편의점도 늘어나고 있다. 다만 무인편의점의 가장 큰 단점은 고객의 편의를 위한 것이 아니라 서비스를 제공하는 회사를 위한 것이라는데 있다. 고객이 직접 물건을 들고 스캔을 해서 결제를 한 후 나가야 하는데 번거롭고 불편하다. 또 문제가 발생했을 때 24시간 연락이 된다고는 하지만 이 역시 불편하다. 이런 이슈들 때문인지, 이웃나라 중국의 무

동영상
손만 대면 끝! 스마트 편의점 세븐일레븐 시그니처!

인매장이 줄줄이 폐업하고 있다. 결국 소비자에게 특별한 이익을 주지 않는 이상 살아남기 힘들다.

　세븐일레븐의 시그니처 편의점은 무인점포이긴 하지만 완전 무인은 아니다. 점원들이 오가며 상품을 관리해 줘야 하고, 손님들은 하단의 바코드를 직접 스캔하고 결제를 해야 한다. 처음 몇 번은 신기하겠지만 곧 불편함을 느끼게 된다.

7장
스마트 모빌리티,
일상의 이동을
바꾸다

스마트 모빌리티, 무엇에 주목해야 하는가?

스마트 모빌리티란 우리가 타고 이동하는 모든 것들의 스마트함을 의미한다. 따라서 이를 구분하고 나누자면 끝이 없다. 여기서는 크게 자동차와 자동차보다 더 작은 퍼스널 모빌리티로 나누어 보자.

자동차는 내가 운전하느냐 다른 사람이 운전하느냐로 구분할 수 있는데, 차를 대여해서 내가 직접 운전할 경우에는 카 쉐

동영상
미래형 이동수단
스마트 모빌리티

어링(차량공유), 다른 누군가가 운전하고 나는 탑승만 한다면 라이드 쉐어링(승차공유, 차량호출)로 구분할 수 있다. 다만 내가 가진 차를 공유하는 게 아니라 기업이 가진 차를 빌려 탄다는 개념에서 본다면 차량공유는 차량대여로 보는 게 맞다. 우리나라의 경우 정서적으로 카풀이 안 되는 상황이다 보니 승차공유보다는 차량호출 서비스로 분류하는 게 좋다.

연료에 따라서는 전기차와 수소전기차로 나눌 수 있다.

퍼스널 모빌리티 역시 개인화된 탈 것이란 분류에서 여러 가지로 나눌 수 있지만 대표적인 전동킥보드와 자전거만을 살펴보려 한다.

그럼, 퍼스널 모빌리티, 카 쉐어링(차량대여), 라이드 쉐어링(차량호출) 등 3가지 스마트 모빌리티에 대해 알아보기로 하자.

퍼스널 모빌리티,
라스트 마일을 잇다

지하철에서 내려 강의장을 검색해 보니 15분 정도 걸어야 했다. 열심히 걸어가야겠다 생각하며 계단을 올라갔는데, 반갑게도 공유전동킥보드 4대가 나란히 놓여 있었다. 바로 앱을 설치한 후 15분 거리를 5분 만에 갔다. 공유킥보드는 생각보다 더 빠르게 우리 곁에 와 있었다.

인기 퍼스널 모빌리
티 추천

:: 퍼스널 모빌리티

퍼스널 모빌리티란 말 그대로 개인화된 탈 것을 의미한다. 자동차보다 작고, 필요하다면 언제 어디서든 가지고 다닐 수 있기에 마이크로 모빌리티라고도 부른다. 장거리보다는 단거리 이동을 위한 탈 것이라는 점에서 전동스케이트보드·나인봇미니 등 다양한 제품들이 있지만, 가장 대중적이며 기업에서 많은 관심을 쏟고 있는 건 전동킥보드와 자전거다.

급성장하는 퍼스널
모빌리티 시장 확대
'주목'

퍼스널 모빌리티는 전 세계적으로 2015년 4,000억원대에서 시작하여 2030년에는 26조원 규모로 성장할 것으로 보고 있다. 이 시장이 비약적으로 성장할 수 있는 이유를 사용자와 기업의 입장에서 살펴보자.

먼저 사용자 입장에서 볼 때 '편리성'이다. 평소 출퇴근을 할 때 마을버스를 타고 이동한 후 지하철을 타야 한다면, 혹은 지하철에서 내린 후 집이나 회사 등 다음 목적지가 걷기에는 좀 멀고 버스를 타기에는 좀 가까운 거리라면 킥보드와 자전거는 상당히 편리한 수단이 된다. 게다가 '공유'의 시대가 되면서 무겁게 '내 것'을 들고 다닐 필요가 없어졌다.

기업의 입장에서는 수익을 얻는 것도 이유가 되지만 사람들이 대중교통에서 내린 후 다음 목적지가 어디인지에 대한 라스트 마일(빅데이터) 수집이 가능하기 때문이다. 이런 이유에서 기존의 완성차 업체는 물론 IT 기업들도 '킥보드'와 '자전거' 시장에 뛰어들고 있다.

재계, '라스트마일'
공유형 킥보드 사업
에 잇딴 진출

우선 킥보드 시장을 보면 현대차는 국내 업체 '킥고잉'에 투자했고, 2021년에 출시되는 신차부터 선택사양으로 전동킥보드를 탑재하겠다고 했다. 차를 주차한 후 다음 이동은 킥보드로 하라는 이야기다. 폭스바겐과 다임러는 자체적으로 만든 킥보드를 판매할 계획이며, 포드는 아예 전동킥보드 업체 '스핀'을 인수했다. 구글과 우버는 '라임'에, 네이버는 '고고씽'에 투자했다.

자전거 시장은 이제 전기자전거 시장이 커지고 있다. 대표적인 업체는 '카카오T바이크'와 쏘카에서 투자한 '일레클'이 있다.

자동차 업체들이 제안하는 퍼스널 모빌리티

:: 공유전동킥보드

2019년 서울시에만 1만 대 정도의 전동킥보드가 운행되고 있다. 가장 경쟁이 치열한 곳은 강남 일대였다. 마치 일곱색깔 무지개처럼 킥고잉·고고씽·디어·스윙·씽씽부터 미국의 라임, 싱가폴의 빔까지 뛰어들었다. 이렇게 많아지게 되니 이동은 편해졌지만 문제도 많아졌다.

첫째, 안전 문제다. 킥보드 관련 법이 개정되지 않았기에 원칙적으로 전동킥보드는 도로로 달려야 하고 면허가 있어야 한다. 하지만 대부분의 킥보드 유저들은 인도와 도로를 오가며 달리고 있다. 그러다 보니 갑자기 튀어나오는 킥보드를 고라니에 비유해 '킥라니'라고 할 정도로 충돌사고가 많아지고 있다. 여기에 더해 여러 사람이 함께 쓰는 장비다 보니 안전점검에 대한 문제도 커지고 있다.

둘째, 보험 문제다. 킥보드와 관련된 보험은 개인 이용자가 대상이 아닌 전동킥보드 업체들을 대상으로 한 보험이다. 특히

동영상
공유킥보드·자전거 안전 대책 어쩌나?

전동킥보드의 경우 이륜자동차로 분류되기 때문에 사고 발생 시 특약이 없는 한 보험 적용을 받지 못한다. 씽씽 등 일부 업체는 '씽씽라이딩보험'을 만들어 킥보드 사고시 보험처리가 가능하게 하고 있지만, 대부분은 사고에 대한 대비가 취약한 편이다.

셋째, 방치 문제다. 공유전동킥보드의 가장 큰 장점은 대여 후 아무 곳에나 반납해도 된다는 점인데, 이를 '도크 리스'라 한다. 문제는 아무 곳에나 놓는 사람들이 많아지며, 주차장 앞이나 인도 한가운데에 버젓이 놓아 통행에 방해를 주기도 한다. 이 문제를 해결하기 위해서는 정해진 자리에 반납했을 때 그만큼의 요금할인이나 다른 혜택을 준다면 효과를 볼 수 있으리라 본다. 킥고잉과 고고씽은 각각 CU와 GS25를 주차공간으로 활용하는 계약을 맺었고, 일부는 동네 카페와 제휴를 맺기도 했다.

동영상
도로 위 방치된 공유 킥보드 … 통행 방해·사고 위험

이렇다 보니 법규의 정비는 물론 공유킥보드 이용에 대한 문화도 정착되어야 하는 상황이다. 편리하게 이용하기 위한 공유킥보드들이 도시의 미관을 나쁘게 하고, 사고만 일으킨다면 문제가 된다. 이에 대해 샌프란시스코의 사례는 주목할 만하다.

교통체증으로 유명한 곳 중 하나인 샌프란시스코에도 버드, 라임 등 다양한 공유킥보드가 자리잡으며 시장이 커졌다. 하지만 여기도 방치되는 킥보드와 안전문제가 계속 발생하자 영업중단은 물론 일부 킥보드를 압류하기도 했다. 그리고 관련 법을 제정하여 교통국에서 발급하는 허가증을 가진 사업자만 사업을 할 수 있도록 했고, 전동킥보드 수량도 업체당 500대, 총 2,500대만 허용하기로 했다. 또 전동킥보드 공유사업자는 도로 유지보수비용까지 부담하도록 했다.

샌프란시스코의 사례는 이제 막 시작되고 있는 우리나라에서도 관심을 가져야 한다. 폭발적으로 늘어나고 있는 지금부터 미리 해결책을 고민하지 않으면 나중에 큰 문제로 발전하여 사업 자체가 어려워질 수 있기 때문이다.

샌프란시스코는 어떻게 킥보드 키웠나?

:: 공유자전거

공유킥보드 이전에 퍼스널 모빌리티를 이끈 건 '공유자전거'다. 대표 주자는 서울시의 '따릉이'다. 사업 초기에는 세금 낭비라는 의견들도 많았으나 출퇴근시간이나 주말의 경우 생각보다 많은 사람들이 따릉이를 이용하는 걸 볼 수 있다. 2017년만 해도 연간 대여 수가 503만 건이었는데 2018년은 1,020만 건이니 앞으로 더 성장할 것으로 보인다.

공유자전거는 서울에만 있는 건 아니다. 고양에는 피프틴, 안산은 페달로, 대전은 타슈, 순천은 온누리, 청원은 누비자, 세종은 어울링 등 총 78개의 지자체에서 4만 대 이상의 공유자전거를 운영 중이다. 이 정도면 이미 전국은 공유자전거 천국이라 해도 될 것 같다.

공유자전거의 대표적인 나라는 '중국'이다. 중국의 대표적인 자전거 공유업체 '모바이크'와 '오포'는 각각 수원과 부산에서 지자체와 제휴를 맺고 서비스를 시작했었다. 아쉽게도 오포는 본사 수익 악화로 사업을 축소하며 9개월 만에 부산을 떠났고,

라스트 마일 모빌리티 서비스 비교 – 자전거

바퀴 빠진 공유자전
거 '오포'

공유전기자전거 카
카오T바이크 · 일레
클 타보니

수원 모바이크는 1년 만에 수원 시민 6명 중 1명이 탈 정도로 성장하며 수익사업이 되었음에도 불구하고 모바이크가 중국 메이퇀에 인수되며 해외 사업을 축소하면서 2019년 9월 영업을 중단한 상태다.

　민간 차원에서는 '전기자전거'가 지속적으로 성장하고 있다. 이 시장을 이끌고 있는 건 '카카오T바이크'와 쏘카의 '일레클'이다. 2019년 3월 시작한 카카오 전기자전거는 판교를 시작으로 울산, 전주까지 서비스 지역을 넓혔다. 택시나 대리운전을 부를 때 쓰는 '카카오T' 앱에서 '바이크' 탭을 누르면 근처에 있는 전기자전거의 위치는 물론 어느 정도 충전되었는지도 확인할 수 있다. 전동킥보드와 마찬가지로 전기자전거 역시 약간의 오르막이 있는 곳에 적합하다. 아직 일반 자전거에 비해 금액은 비싸지만 실제 울산 지역에서 서비스하고 있는 카카오 자전거는 시범운영 2주 만에 하루 2,000건 이상 이용하는 등 빠르게 정착되고 있다. '일레클'도 종로, 영등포, 성북 등 강북 지역과 세종시 등으로 꾸준히 지역을 넓히고 있다. 두 서비스

일레클, 넌 나에게
모욕감을

의 차이점은 주차공간이다. 카카오 자전거의 경우는 반납이 자유롭지만, 일레클은 허용된 장소가 아니면 반납이 되지 않는다. 도착지에 정해진 주차공간이 없으면 반납을 위해 다시 돌아가야 하는 경우도 생기니 미리 확인해야 한다.

일레클, 공유 전기자전거·전동킥보드 1천대로 확대

차량공유 서비스, 핵심에 집중하라

차량공유는 두 가지로 나눌 수 있다. 하나는 차를 빌려서 직접 운전하는 것이고, 다른 하나는 운전자를 빌려 승차를 공유하는 걸 말한다. 전자를 카 쉐어링, 후자를 라이드 쉐어링이라 한다.

:: 카 쉐어링(차량대여)

요즘에야 카 쉐어링이라 하면 '쏘카'와 '그린카' 등의 서비스를 떠올리지만 우리는 이미 제주도 등에서 차를 빌리는 '렌터카' 서비스에 익숙하다. 렌터카 역시 대표적인 카 쉐어링이다. 물론 보다 혁신적인 차량공유 서비스라면 집이나 회사 주차장에 주차되어 있는 차량을 다른 사람에게 대여해 수익도 내고 차량의 총량도 줄이는 효과가 있는 '공유자동차'를 말한다.

쏘카나 그린카는 기존 차량 소유자의 차량을 공유하는 게 아니라 자체적으로 가지고 있는 차량을 공유하기에 크게 보면 렌터카와 다르지 않다. 하지만 서비스와 편의성 면에서는 서로 차이점이 있다.

우선 빌리는 장소가 다르다. 렌터카는 정해진 장소에서 대여한 후 정해진 장소에 반납해야 하고 반납 확인을 받아야 한다. 쏘카는 쏘카존이 집 근처, 회사 근처 곳곳에 있어 편하게 이용할 수 있고 반납시 확인이 필요없다. 둘째, 계약이 다르다. 렌터카는 계약서를 작성하지만, 쏘카는 회원가입으로 끝이다. 셋째, 주유가 다르다. 렌터카는 처음 수령했을 때만큼 기름을 채워서 반납해야 하지만, 쏘카는 주행거리당 요금이 부과되는 구조여서 차에 있는 쏘카 전용카드로 기름을 넣으면 된다.

카쉐어링, '세컨드카'로 각광

쏘카는 새로운 서비스들을 계속 내놓고 있다. 그중 하나가 장기렌트카 공유서비스인 쏘카페어링이다. 쏘카에서 차를 장기로 빌린 후 차를 쓰지 않을 때 다른 쏘카 이용자들이 사용할 수 있도록 하는 방식이다. 여기서 발생하는 수익을 렌트한 사람과 쏘카가 나눠 가지는 구조로, 이 정도는 되어야 공유경제라 이야기할 수 있을 것 같다.

쏘카, 테슬라·포르쉐 공유하는 '쏘카 페어링' 출시

:: 라이드 쉐어링(차량호출)

스마트폰과 카카오택시 서비스 덕분에 소비자는 택시를 쉽게 탈 수 있었고, 택시 기사는 손님을 쉽게 태울 수 있었다. 그런데 카카오와 택시업계의 이런 좋았던 시간은 카카오가 '카풀' 서비스를 하겠다고 하며 문제가 생겼다.

일반적으로 카풀은 '내 차의 빈자리에 다른 사람을 태우자'

카셰어링 vs 렌터카
vs 카풀

우버와 타다의 딜레
마를 해결하는 카카
오 모델

라는 아주 좋은 취지로 시작한 서비스다. 그런데 이렇게 빈자리에 사람을 태우고 '돈'을 받기 시작하면서 달라졌다. 택시업계에서는 이를 유사 영업행위로 봤고, 카풀 업체에서는 정당한 행위로 봤다. 사이가 나빠질 수밖에 없다. 택시업계에서는 신경이 쓰이기는 했지만 일단 지켜보는 입장이었다. 하지만 카카오에서 카풀 서비스를 시작하겠다고 선언하면서 거센 반발이 일어났다. 이미 택시업계에서는 카카오택시 앱의 영향력을 알고 있기에 두려울 수밖에 없었을 것이다.

카카오가 카풀 서비스에 대해 완전 보류를 선언한 다음에야 대립구조는 풀리게 됐다. 이후 카카오모빌리티는 택시회사의 인수와 플랫폼 택시의 운영이라는 두 가지 방향으로 바쁘게 움직였다. 카카오는 일곱 곳의 택시회사를 인수해 하고 싶은 서비스들을 하나씩 해나가고 있다. 특별히 선발된 친절한 기사, 공기청정기 장착 등 쾌적한 차량을 모토로 '카카오T블루'를 운행하기 시작했고, 타다와 비슷한 11인승 이상의 플랫폼 택시인 '카카오T벤티'도 700~800대 규모로 운행을 시작했다. 카카오는 결국 택시와의 대립이 아닌 타협과 직접 운행을 택한 것이다. 택시업계는 이제 타다가 아닌 동종업계와 경쟁을 피할 수 없게 되었다.

택시들이 카카오택시를 거부하는 동안 성장한 서비스가 바로 '타다'와 '티맵택시'다. '타다'를 호출하면 11인승 카니발이 온다. 타다를 자주 타는 분들도 왜 카니발이 오는지를 모르는 경우가 많은데, 이유는 택시 호출이 아닌 렌터카 호출 서비스이기 때문이다. 법에 의하면 11인승 이상 렌터카의 경우 '기사'

IT는 우리의 일상을 어떻게 바꾸는가? Part 2

를 함께 대여해도 된다고 되어 있어 서비스가 가능한 것이다. 아무래도 개인이 승용차가 아닌 11인승 이상을 모는 경우가 거의 없을 테니 여기에 대한 예외규정이다.

불법 영업에 휘말린 '타다' … 공유경제의 방향성은?

> 여객자동차법 시행령 제18조(운전자 알선 허용 범위)
>
> 법 제34조제2항 단서에서 "외국인이나 장애인 등 대통령령으로 정하는 경우"란 다음 각 호의 경우를 말한다.
>
> 1. 자동차대여사업자가 다음 각 목의 어느 하나에 해당하는 자동차 임차인에게 운전자를 알선하는 경우
>
> 바. 승차정원 11인승 이상 15인승 이하인 승합자동차를 임차하는 사람

'타다'는 이를 활용해 11인승 차량을 기사까지 보내주는 서비스를 내놓은 거고, 택시업계에서는 특수한 상황이 아닌 일반적인 상황에서 영업을 하는 것이기 때문에 불법이라고 보고 있어 다툼은 계속되고 있다.

차량호출 서비스는 앞으로 더 늘어날 수밖에 없다. 그리고 그만큼 문제도 생겨날 수밖에 없다. 해결책은 고객의 입장에서 생각해야 한다. 고객이 택시를 타는 이유는 대중교통보다 '편하게' '안전하게' 이동하고 싶어서다. 편함은 방해받고 싶지 않다는 편안함과 안전하게 목적지에 도착하고 싶다는 편안함이라는 걸 잊지 말아야 한다.

동영상
선택받기보다는 선택해야 합니다 … 정태성(비전택시대학 총장)

지금
중국은?

: : 공유자전거

공유자전거가 가장 활발한 곳은 역시 중국이다. 특히 베이징
이나 상하이의 경우 자전거도로가 잘되어 있어 이용하기도 쉽
다. 거리 곳곳에 비치된 공유자전거의 숫자도 많고, 하루 이용
객이 1,000만 명에 달한다고 하니 엄청난 숫자다.

공유자전거를 이끌었던 회사는 모바이크와 오포다. 모바이
크는 2015년 후웨이웨이가 창업한 후 전 세계 200개 도시에
서 900만 대 이상의 자전거를 운영했을 정도로 크게 성장했
다. 2018년 4월 메이톤에 인수되며 이름도 메이톤바이크로 바
꾸고, 색도 주황색에서 노랑색으로 바뀌었다. 2014년 창업한
오포는 하루 이용 3,200만 회라는 어마어마한 성과를 올렸으
나 경쟁 심화와 서비스 불만으로 2018년에는 1,000만 명이

중국의 유니콘 '오포
(ofo)'는 어쩌다 파산
위기에 놓였을까?

100곳서 4곳으로, 그 많던 中 공유자전거 어디로 갔을까?

넘는 사용자들의 보증금 반환 요구에 결국 파산했다.

자전거의 홍수 속에 파란색 자전거도 많이 눈에 뜨이는데 바로 '헬로바이크'다. 오포와 모바이크가 대도시에 주력했다면 헬로바이크는 지방에서 시작해 대도시로 올라온 케이스다. 알리바바 산하 앤트파이낸셜에서 투자해 알리페이 앱으로 바로 이용할 수 있는 것도 장점이다. 오포 등 기존의 공유자전거들이 무너질 때 헬로바이크가 성공할 수 있었던 비결은 지정 주차구역이나 차량 통행에 방해가 되지 않는 곳에 주차하면 인센티브를 주고, 자전거를 고장 내거나 찾기 어려운 곳에 놓으면 벌점을 주는 제도를 도입했기 때문이다. 한 곳에 자전거가 오래 세워져 있을 때 자전거를 다른 곳으로 옮겨주면 쿠폰을 주기도 했다.

중국의 공유자전거 시장은 이제 무분별한 경쟁을 끝내고, 요금도 정상화되면서 서비스도 질적으로 상승하고 있다. 헬로바이크와 메이퇀바이크, 이 둘의 승부를 지켜봐야겠다.

헬로바이크, 中 자전거 공유 시장 부진에도 '홀로' 질주

중국에서 '디디추싱'
이용해 볼까?

:: 차량호출 서비스

중국의 차량호출 서비스에는 중국인 모두가 쓴다고 해도 될 정도로 많이 사용하는 '디디추싱'이 있다.

2012년 디디다처와 콰이디다처가 차량호출 서비스를 시작했는데, 디디다처는 텐센트, 콰이디다처는 알리바바의 투자를 받으며 이래도 되나 싶을 정도로 엄청난 보조금 전쟁을 벌였다. 한참 때 두 회사가 쓴 금액만 20억위안(3,400억원)이었다고 하니 이용자들은 무료로 택시를 이용할 수 있을 정도였다. 결국 2015년 두 회사가 합병했고, 2016년에는 우버차이나까지 합병하며 점유율 90% 이상의 회사가 되었다. 현재 디디추싱은 택시 호출 외에도 차량의 예약, 픽업 등 다양한 서비스까지 확장하고 있다.

중국에 디디추싱이 있다면 동남아시아에는 그랩이, 미국에는 우버가 있다. 세 회사 모두 차량호출로 시작해 우버는 자율주행차까지 영역을 넓혔고, 그랩은 음식배달은 물론 그랩페이를 통해 핀테크 시장까지 뛰어든 상태다. 우버와 그랩은 동남아시아에서 한참 경쟁을 벌이다 결국 그랩이 승자가 됐다. 그랩이 살아남은 건 현지화에 성공했기 때문으로 분석된다. 현재 그랩은 싱가포르, 인도네시아, 필리핀, 말레이시아, 태국, 베트남, 미얀마, 캄보디아 등 동남아시아 8개국 225개 도시에서 서비스되고 있다.

그런데 우버와 그랩, 디디추싱은 물론 대부분의 승차공유회사들을 거슬러 올라가면 그 위에는 손정의와 그의 '비전펀드'가 있다는 것도 눈여겨봐야 한다. 결국 진정한 공유자동차 시

1조 넘게 깨진 '공유 비전'에 AI 장착 '뚝 심투자의 손'

장의 제왕은 손정의다. 그렇다면 손정의는 왜 승차공유회사들에게 투자하는 걸까? 이유는 단순하다. 빅데이터와 인공지능 때문이다. 승차공유회사들은 무수히 많은 개개인들의 데이터를 수집할 수 있다. 이들의 빅데이터가 모이면 인공지능은 이를 활용하여 핀테크를 비롯해 많은 영역으로 확장할 수 있다.

아이폰 이후 10년, 우리 주변의 일상 속 IT를 읽다
원더키디의 시대, IT는 우리의 일상을 어떻게 바꾸는가?

초판 1쇄 인쇄   2019년 12월 5일
초판 1쇄 발행   2019년 12월 10일

지은이   이임복
펴낸이   백광옥
펴낸곳   천그루숲
등 록   2016년 8월 24일 제25100-2016-000049호

주 소   (06990) 서울시 동작구 동작대로29길 119, 110-1201
전 화   0507-1418-0784   **팩스**   050-4022-0784   **카카오톡**   천그루숲
이메일   ilove784@gmail.com

인 쇄   예림인쇄 | **제 책**   예림바인딩

ISBN 979-11-88348-55-8 (13320) 종이책
ISBN 979-11-88348-56-5 (15320) 전자책

이 도서의 국립중앙도서관 출판예정도서목록(CIP)은 서지정보유통지원시스템 홈페이지(http://seoji.
nl.go.kr)와 국가자료공동목록시스템(http://www.nl.go.kr/kolisnet)에서 이용하실 수 있습니다.
(CIP제어번호 : CIP2019047454)